Low Carb Diät Für Anfänger

Der ultimative Beginner's Guide zur Low Carb Diät zur Fettverbrennung + 45 Bewährte Low Carb Gewichtsverlust Rezepte

Von *Simone Jacobs*

Für weitere tolle Bücher besuchen Sie uns:

HMWPublishing.com

Ein weiteres Buch kostenlos herunterladen

Ich möchte Ihnen für den Kauf dieses Buches danken und Ihnen noch ein weiteres Buch anbieten (genauso lang und wertvoll wie dieses Buch), "Health & Fitness Errors You Don't Know You't Making" - vollkommen gratis.

Folgen Sie dem folgenden Link, um sich anzumelden und das Buch zu erhalten:

www.hmwpublishing.com/gift

In diesem Buch werde ich die häufigsten Gesundheits- und Fitnessfehler aufschlüsseln, die Sie wahrscheinlich gerade jetzt noch begehen, und ich werde Ihnen zeigen, wie Sie ganz einfach in Bestform kommen!

Zusätzlich zu diesem wertvollen Geschenk haben Sie auch die Möglichkeit, kostenlos unsere neuen Bücher, Werbegeschenke und andere wertvolle E-Mails von mir zu erhalten. Folgen Sie auch dafür Link, um sich anzumelden:

 www.hmwpublishing.com/gift

INHALTSVERZEICHNIS

Einführung 10

Kapitel 1: Was ist die Low Carb Diät? 12

Leckere Mahlzeiten essen und Gewicht verlieren? 13

Wie wird die Low Carb Diät mir helfen, Gewicht zu verlieren und gesund zu bleiben? 14

Funktioniert es? 14

Wie funktioniert es? 15

Verfolgen Sie Ihre Netto-Kohlenhydrate..........................16

Wie kann ich meine Netto Kohlenhydrate verfolgen? 17

Muss ich auch Sport machen? 18

Die Phasen der Low Carb Diät 19

Phase 1: Induktion 19

Phase 2: Ausgleich 20

Phase 3: Vor-Beibehaltung 20

Phase 4: Lebenslange Beibehaltung 21

Mit wie viel Gewichtsverlust kann ich rechnen? 21

Kapitel 2: Liste der zulässigen Lebensmittel 23

Phase 1: Induktion - 20 Gramm Netto-Kohlenhydrate täglich (12-15 Gramm Netto-Kohlenhydrate aus Gemüse).............23

Andere zulässige Lebensmittel 26

Der Übergang auf einen Blick.......................................40

Kapitel 3: Ketose - Fettverbrennung und Gewichtsabnahme 45

10 Anzeichen von Ketose 46

Schlechter Atem 46

Gewichtsabnahme 47

Erhöhte Ketone im Blut 48

Erhöhte Ketone im Atem oder Urin 48

Appetitunterdrückung 49

Kurzfristige Ermüdung und Schwäche 49

Kurzfristige Leistungsrückgänge 50

Erhöhte Energie und Fokussierung 51

Verdauungsprobleme 51

Schlaflosigkeit 52

Wann wird Ketose ein Problem? 52

Kann ich eine LowCarb Diät machen, auch wenn ich Vegetarier bin? 53

Die gesundheitlichen Vorteile der Low Carb Diät 55

Reduzierter Appetit 55

Gewichtsabnahme 56

Bauchfett verlieren 57

Triglyceride verringern 58

HDL-Spiegel (High-Density Lipoprotein) erhöhen 58

Verbessert LDL-Muster 59

Reduzierung des Blutzucker- und Insulinspiegels 60

Senkt den Blutdruck..61

Behandelt das metabolische Syndrom 62

Therapeutisch bei mehreren Hirnerkrankungen 62

Kapitel 4: Wie man mit den Nebenwirkungen der Low-Carb-Diät umgeht 64

Häufigste Nebenwirkungen 65

Induktionsgrippe 65

Beinkrämpfe 68

Verstopfung 69

Mundgeruch und Körpergeruch 69

Herzklopfen 72

Reduzierte körperliche Leistungsfähigkeit....................74

Erhöhte körperliche Leistungsfähigkeit bei der Low Carb Diät 75

Am wenigsten häufige Nebenwirkungen 75

Temporärer Haarausfall 75

Erhöhter Cholesterinspiegel 76

Geringere Alkoholtoleranz 78

Mögliche Gefahren für stillende Mütter 78

Keto Ausschlag 80

Kapitel 5: Frühstücksrezepte 84

Frühstücksrollen (Phase 1) 84

Käse-Schinken und Paprika-Omelette (Phase 1).........87

Zimt Soja Buttermilch Waffeln (Phase 1) 90

Soja-Schokoladen-Pfannkuchen (Phase 1) 93

Knusper-Pfanne mit Parmesan und Speck (Phase 1) 95

Jalapeno, Jack Käse und Soja Quick Bread (Phase 1) 97

Soja-Zucchini-Muffins (Phase 2) 99

Mandel-Soja-Zimt Mini-Muffins (Phase 2) 101

Schnelles Mandel-Zucchini-Brot (Phase 2) 104

Frühstücks-Mandelbrot-Pudding 107

Frühstück Kokosriegel 109

Brokkoli-Pilz Quiche 111

Kapitel 6: Mittagsrezepte 113

Asiatisch inspirierter Rindfleischsalat (Phase 1) 113

Tomatensauce, Zwiebel und Schweinehackfleisch (Phase 1) 116

Kohlenhydratarme Diät-Suppe 118

Bruschetta Tomatensalat mit Putenfleisch 121

Hähnchen Taco Salat 123

Bacon Hühnerfleisch Club Salat 126

Thunfisch-Burger 128

Artischocken-Krabben-Käse Windbeutel 130

Shrimp-Avocado Traum 132

Speckumhüllte Jakobsmuscheln 134

Leckerer Garnelen-Salat 136

Käsekugel in Schinkenrollen 138

Kapitel 7: Snacks, Desserts und Vorspeisen 140

Zimt, Kokosmilch und Eiercreme (Phase 1) 140

Speckumhüllte Wasserkastanie a.k.a. Rumaki (Phase 1) 143

Gebackene Buffalo-Wings mit Blauschimmelkäse-Dip (Phase 1) 145

Yorkshire Pudding (Phase 2) 148

Japanische Grüntee Meringue Cookies (Phase 1) 151

Schweinerinde Nachos 153

Faux Mac N' Cheese (IF) 155

Kohlenhydratarme Pizza..157

Käse, Avocado und aromatisierter Thunfisch 159

Mit Käse und Speck gefüllte Champignons 161

Kapitel 8: Rezepte für das Abendessen 163

Feta, gemischtes Gemüse und Rindfleischplätzchen (Phase 1) 163

Gegrillter Lachs und gemischter Grünsalat mit italienischem Dressing (Phase 1)..165

Gebackener Lachs mit gerösteter Pfeffersalsa und Bok Choy (Phase 1) 168

Knoblauch-Zitrone Huhn..171

Hackbraten..174

Blumenkohl KrustenPizza..177

Truthahn und Garnelen Feta Alfredo 181

Knoblauch und Zitronenbutter Fisch 185

Parmesan und Leinsamen Krustierte Tilapia......................187

Lachs-Genuss 190

Käse-Lachs-Brot 192
Schlussworte 194

Einführung

Ich möchte Ihnen danken und Ihnen gratulieren, dass Sie das Buch "Low Carb Diet" gekauft haben. Dieses Buch enthält bewährte Schritte und Strategien, wie Sie erfolgreich in die Low Carb-Diät übergehen können. Sie werden auch entdecken, wie Sie nach Herzenslust essen und trotzdem abnehmen und gesünder werden können. Außerdem erfahren Sie, welche Vorteile es hat, die Kohlenhydrataufnahme zu reduzieren. Darüber hinaus wird dieses Buch auch erklären und aufzeigen, wie man mit den Nebenwirkungen umgeht. Schließlich werden wir Ihnen auch 45 Low Carb Diätrezepte zur Verfügung stellen, die Sie sofort anwenden können! Nochmals vielen Dank für den Kauf dieses Buches, ich hoffe, es gefällt Ihnen.

Außerdem empfehle ich Ihnen sich vorab **für unseren E-Mail-Newsletter anzumelden,** um über bevorstehende Bücher oder Werbeaktionen informiert zu werden. Sie können sich kostenlos anmelden, und als Bonus erhalten Sie ein Geschenk. Unser *Buch "Health & Fitness Mistakes You Don't Know You're Making"*! Dieses Buch klärt die Mythen auf, enthüllt die Top Do's und Don'ts und gibt Ihnen die nötigen Informationen, die Sie brauchen, um in Topform zu kommen. Wegen der überwältigenden Menge an Fehlinformationen und Lügen, die von Zeitschriften und selbsternannten "Gurus" erzählt werden, wird es immer schwieriger, zuverlässige Informationen zu erhalten, um in Form zu kommen. Statt Dutzende von voreingenommenen, unzuverlässigen Quellen überfliegen zu müssen, um Ihre Gesundheits- und Fitnessinformationen zu erhalten, brauchen Sie einfach nur dieses Buch. Hier ist alles zusammengefasst in einem einfachen Aufbau, damit Sie in kürzester Zeit, direkte Ergebnisse sehen auf dem Weg zu Ihren Fitnesszielen.

Um unseren kostenlosen E-Mail-Newsletter und eine kostenlose Kopie dieses wertvollen Buches zu erhalten, folgen Sie dem Link und melden Sie sich jetzt an: www.hmwpublishing.com/gift

Kapitel 1: Was ist die Low Carb Diät?

Wenn man 'Diät' hört, denkt man meistens an fade, unattraktive Nahrungs- und Essenswahl, was nicht wirklich dazu inspiriert, sich an eine gesunde Ernährung und ein gesundes Leben zu halten. Andere Lebensmittel sind auch unwirksam, sodass Sie nach ein paar Monaten enttäuscht sein werden und aufgeben.

Von jetzt an müssen Sie sich nicht mehr ärgern, wenn Sie versuchen, Gewicht zu verlieren. Wie klingen knuspriger Speck und Spiegeleier am Morgen? Oder cremiger Käse-Räucherlachs zum Mittagessen oder Butter-Steak zum Abendessen? Das klingt nicht nach der typischen Diät-Ernährung, oder? Was, wenn ich Ihnen sage, dass Sie solche leckeren Gerichte nicht nur essen können, während dieser Diät, sondern, dass Sie dabei auch noch Gewicht verlieren?

Klingt zu schön, um wahr zu sein, oder? Die Low Carb-Diät ist nicht nur eine Möglichkeit, köstliche Mahlzeiten zu genießen, während man abnimmt. Sie wird ein neuer

Lebensstil werden. Wer möchte nicht fast alles essen können und trotzdem gesund und fit sein?

Leckere Mahlzeiten essen und Gewicht verlieren?

Auf jeden Fall! Sie werden lernen, dass Sie mit der Low Carb-Diät, der Einschränkung Ihrer Kohlenhydrate, immer noch leckere Gerichte essen und sogar Gewicht verlieren können. Dieser Ernährungsplan ist kohlenhydratarm, aber er ist fett und proteinreich, so dass Sie sich nicht leer und hungrig fühlen werden.

Fett- und proteinreiche Gerichte? Ist das nicht schlecht? Auf den ersten Blick sieht das so aus. Wenn man sich diese Ernährung jedoch genau ansieht, konzentriert sie sich mehr auf gesunde Fette und magere Proteine sowie ballaststoffreiche Produkte als Teil ihres Plans. Es beinhaltet alles Gute, was der Körper braucht.

Wie wird die Low Carb Diät mir helfen, Gewicht zu verlieren und gesund zu bleiben?

Die Low Carb-Diät ist ein revolutionärer Ansatz zur Gewichtsabnahme und Gesundheitsplanung, der viele ähnliche Low-Carb-Diättrends in Gang setzte, die sich auf die Einschränkung von Kohlenhydraten konzentrieren, während sie sich auf gesunde Fette und mageres Protein konzentrieren.

Funktioniert es?

Auf jeden Fall! Tatsächlich ist es eine der besten Low-Carb-Diäten, und verschiedene Forscher zeigen, dass es funktioniert. Wenn Sie jemand sind, der den Tag mit vielen verarbeiteten Kohlenhydraten, wie Kartoffeln, Pasta und Brot füllt und nicht viele Gemüse und Früchte isst, dann ist diese Diät das, was Sie brauchen, um Gewicht zu verlieren und gesünder und fit zu werden.

In jedem Diätplan ist die Änderung Ihrer Essgewohnheiten und Essenswünsche immer der erste und schwierigste Schritt. Die leckere und große Nahrungsauswahl der Low Carb Diät macht diesen ersten Schritt einfacher als bei den meisten anderen Diäten. Diese Diät wird Ihnen nicht nur helfen, Gewicht zu verlieren, sie ist auch ein nachhaltiger Ernährungsplan für einen lebenslangen Ansatz für einen gesunden Lebensstil. Sie werden nicht nur abnehmen, sondern auch Ihre Energie steigern und spezifische Gesundheitsprobleme wie Stoffwechselsyndrom und Bluthochdruck lösen.

Wie funktioniert es?

Der Schwerpunkt der Low Carb Diät liegt auf dem richtigen Verhältnis von Kohlenhydraten, Fetten und Proteinen für eine optimale Gesundheit und Gewichtsabnahme. Nach dieser Diät ist die typische kohlenhydratreiche, fettarme Diät die Ursache für Fettleibigkeit und damit verbundene Gesundheitsprobleme wie Herzkrankheiten und Typ-2-Diabetes.

Diese Diät betont, dass Sie überschüssiges Fett oder fettige Fleischstücke nicht unbedingt vermeiden müssen. Wichtig ist, dass Sie die Aufnahme von Kohlenhydraten kontrollieren oder einschränken. Warum? Der Verzehr von zu vielen Kohlenhydraten, vor allem Weißmehl, Zucker und anderen raffinierten Kohlenhydraten, führt zu Ungleichgewichten im Blutzuckerspiegel im Körper, was zu Herz-Kreislauf-Problemen und Gewichtsverlust führt. In diesem Sinne betont die Low Carb-Diät die Einschränkung von Kohlenhydraten und fördert den Verzehr von mehr Fett und Protein. Beachten Sie jedoch, dass es sich bei dieser Diät nicht um eine proteinreiche Ernährung handelt.

Verfolgen Sie Ihre Netto-Kohlenhydrate

Kohlenhydrate sind der Zucker, die Stärke und die Faser ist in Getreide, Gemüse, Milchprodukten und Obst enthalten. Sie sind Makronährstoffe, d.h. sie sind eine der drei Hauptarten neben Fett und Eiweiß, die der Körper erhält, Kalorien oder die Energie, die er benötigt.

Während die meisten anderen Diäten ganz genau Fett oder Kalorien überwachen, erfordert die Low Carb-Diät keine

Portionskontrolle oder Kalorienzählung. Was erforderlich ist, ist die Überwachung Ihrer Netto Kohlenhydrate Wenn Sie die Netto Kohlenhydrate Ihrer Mahlzeiten begrenzen, wird Ihr Körper allmählich lernen, das gespeicherte Fett des Körpers zu nutzen und zu verbrennen, was zu Gewichtsverlust und besserer Gesundheit führt.

Wie kann ich meine Netto Kohlenhydrate verfolgen?

Netto Kohlenhydrate sind der Gesamtkohlenhydratgehalt (Gesamtgramm) von Lebensmitteln oder Speisen, abzüglich des Ballaststoffgehalts (Gesamtgramm). Zum Beispiel hat 1 Tasse Blumenkohl 5,3 Gramm Kohlenhydrate und 2,4 Gramm Ballaststoffe, was ihm einen Netto Kohlenhydratgehalt von 2,8 Gramm gibt. Warum ziehen wir die Ballaststoffe ab? Weil der Körper keine Ballaststoffe aufnimmt und es hilft, die Aufnahme von Kohlenhydraten zu verlangsamen.

Wenn Sie Ihre Netto Kohlenhydrate pro Mahlzeit zählen, fangen Sie an, Ihrem Körper beizubringen, sein gespeichertes Fett zu verbrennen und den Blutzuckerspiegel zu regulieren, was Ihnen hilft, Ihr Idealgewicht und Ihre optimale Gesundheit zu erreichen, ohne dass Sie sich hungrig oder erschöpft fühlen.

Die Beobachtung Ihrer Netto Kohlenhydrate hilft Ihnen, Ihre Toleranz gegenüber Kohlenhydraten oder den Netto-Kohlenhydraten zu ermitteln, die Sie jeden Tag konsumieren können, ohne abzunehmen oder an Gewicht zuzulegen. Je mehr Sie über Ihre Kohlenhydratverträglichkeit erfahren, desto besser können Sie Ihre Mahlzeiten für jeden Tag planen.

Muss ich auch Sport machen?

Abgesehen von der Ernährung gesunder, kohlenhydratarmer Mahlzeiten ist Bewegung unerlässlich, um Gewicht zu verlieren und Ihr Idealgewicht zu halten. Wählen Sie also eine körperliche Aktivität, die Ihrem Lebensstil und Ihren Bedürfnissen entspricht. Bewegen Sie sich täglich und versuche jeden Tag mindestens 20 Minuten oder länger aktiv zu sein.

Die Phasen der Low Carb Diät

Diese Low-Carb-Diät hat 4 Phasen. Abhängig von Ihren Zielen und Bedürfnissen zur Gewichtsabnahme können Sie Ihre Ernährung in jeder der ersten drei Phasen beginnen.

Phase 1: Induktion

Dieser Schritt ist streng. Sie müssen fast alle Kohlenhydrate aus Ihrer Ernährung entfernen und nur 20 Gramm Netto Kohlenhydrate täglich essen und diese hauptsächlich aus Gemüse gewinnen. Anstatt 45-65 Prozent Ihres Kalorienbedarfs für den Tag aus Kohlenhydraten zu beziehen, erhalten Sie nur 10 Prozent. Während dieser Phase müssen Sie sich an die Liste der Basisgemüse halten, die kohlenhydratarmes Gemüse sind, wie Paprika, grüne Bohnen, Gurken, Sellerie, Brokkoli, Spargel usw., und sie sollten die Hauptquelle für 12-15 Gramm Ihrer Netto-Kohlenhydrate für den Tag sein. Jede Mahlzeit sollte Eiweiß enthalten, wie Eier, Fleisch, Geflügel, Schalentiere und Fisch, sowie Eier. Es besteht keine Notwendigkeit, Fett und Öle in dieser Phase einzuschränken, aber Sie müssen die meisten Alkohole, Nüsse, Körner, Nudeln, Brot, zuckerhaltige Backwaren und Früchte in dieser Phase entfernen. Diese Phase dauert mindestens 2 Wochen, abhängig von Ihrer Gewichtsabnahme.

Phase 2: Ausgleich

Während dieser Zeit werden Sie weiterhin 12-15 Gramm Nettokohlenhydrate aus Basisgemüse konsumieren und Lebensmittel mit Zuckerzusatz vermeiden. In dieser Phase werden Sie langsam einige nährstoffreiche Kohlenhydrate in Ihre Ernährung aufnehmen, wie Samen und Nüsse, Beeren, Melonen oder Kirschen, Hülsenfrüchte, Tomatensaft und mehr Gemüse. Sie werden in dieser Phase weiter abnehmen und in dieser Phase bleiben, bis Sie etwa 4,5 Kilogramm oder 10 Pfund näher an Ihrem Gewichtsziel sind. Während dieser Zeit können Sie Ihre täglichen Netto-Kohlenhydrate auf 25-50 Gramm erhöhen.

Phase 3: Vor-Beibehaltung

Dies ist die Phase, in der Sie das Nahrungsspektrum, das Sie essen, schrittweise erweitern können, einschließlich Vollkorn, stärkehaltiges Gemüse und ergänzende Früchte. Sie können auch etwa 10 Gramm Kohlenhydrate pro Woche in Ihre Ernährung aufnehmen und reduzieren, wenn Sie feststellen, dass Ihre Gewichtsabnahme anhält. In diesem Fall werden Sie die Bandbreite Ihrer Kohlenhydratverträglichkeit entdecken. Sie werden in dieser Phase bleiben, bis Sie Ihr Wunschgewicht erreicht haben. Während dieser Phase können Sie Ihre täglichen Netto-Kohlenhydrate auf 50-80 Gramm erhöhen.

Phase 4: Lebenslange Beibehaltung

Nachdem Sie Ihr Gewichtsziel erreicht haben, werden Sie zu diesem Schritt übergehen, der zu Ihrer lebenslangen Mahlzeitplanung wird. Sie müssen Ihre täglichen Netto-Kohlenhydrate zwischen 80-100 Gramm halten.

Mit wie viel Gewichtsverlust kann ich rechnen?

In den ersten zwei Wochen der Induktionsphase können Sie etwa 6,8 Kilogramm oder 15 Pfund verlieren. Diese Diät bestätigt, dass Sie zunächst Wassergewicht verlieren werden. Während Sie mit Phase 2 und Phase 3 fortfahren, haben Sie eine bessere Vorstellung von Ihrer Kohlenhydratverträglichkeit, die Ihnen hilft, Ihre Mahlzeiten so zu planen, dass Sie nicht mehr Kohlenhydrate essen, als Ihr Körper vertragen kann.

KAPITEL 2: LISTE DER ZULÄSSIGEN LEBENSMITTEL

Was kann ich also essen? Nun, um es einfach zu machen, ist hier ein zugänglicher Leitfaden zu den Listen der Lebensmittel, die Sie in jeder Phase essen können. Ich habe auch die Netto-Kohlenhydrate der gängigsten Lebensmittel eingeschlossen, aus denen Sie wählen können, um Ihre täglichen Mahlzeiten zu planen.

Phase 1: Induktion - 20 Gramm Netto-Kohlenhydrate täglich (12-15 Gramm Netto-Kohlenhydrate aus Gemüse)

Sie können die meisten Fleisch-, Geflügel- und Fischsorten genießen, da sie keine Kohlenhydrate enthalten. Jedoch beziehen Sie sich auf die Liste unten, um sicherzustellen, dass Sie auch Ihre 12-15 Gramm Netto-Kohlenhydrate in Gemüse erhalten.

Alles Fische, einschließlich	Jedes Geflügel, einschließlich	Alle Schalentiere, einschließlich	Jedes Fleisch, einschließlich	Eier***, jede Zubereitung, einschließlich
Kabeljau	Huhn	Muscheln	Wild	Weich gekocht
Flunder	Kornisches Huhn	Krabbenfleisch	Kalbfleisch	Rührei
Heilbutt	Ente	Hummer	Schweinefleisch	Pochiert
Hering	Gans	Muscheln*	Lamm	Omeletts
Lachs	Strauß	Austern*	Schinken**	Hartgekocht
Sardinen	Fasan	Garnelen	Rindfleisch	Gebraten
Sohle	Wachtel	Tintenfisch	Speck**	Russische Eier
Forelle	Truthahn			
Thunfisch				

* Muscheln und Austern sind kohlenhydratreicher, also beschränken Sie Ihren Verzehr auf etwa 110 Gramm pro Tag.

** Einige verarbeitete Fleischwaren, wie Schinken und Speck, werden mit Zucker gepökelt, was die Kohlenhydratzahl erhöht. Wenn möglich, andere Fleischsorten und Wurstwaren mit Zusatz von Nitraten vermeiden.

*** Eier sind eines der nahrhaftesten Lebensmittel der Natur. Folglich sind sie Grundnahrungsmittel des Frühstücks in der Low Carb Diät. Die Eier können Sie ganz kreativ zubereiten, Zwiebeln, Pilze und sogar grünen Pfeffer hinzufügen. Sie können sie auch mit Schafskäse belegen und mit Oregano, Basilikum und anderen Kräutern bestreuen oder garnieren.

Andere zulässige Lebensmittel

Käse, halbweich, fest, vollfett gealtert, einschließlich

(85-110 Gramm pro Tag)

Käse	Portionsgröße	Netto-Kohlenhydrate
Schweizer	30 Gramm.	1 g
Roquefort und andere Blauschimmelkäse	2 Esslöffel	0.4 g
Mozzarella, Vollmilch	30 Gramm.	0.6 g
Gouda	30 Gramm.	0.6g
Frischkäse, geschlagen	2 Esslöffel	0.8 g
Rinder-, Schaf- und Ziegenkäse	30 Gramm.	0.3 g
Cheddar	30 Gramm.	0.4g
Feta	30 Gramm.	1.2 g
Parmesan, Brocken	1 Esslöffel	0.2 g

Salatbeilagen	Portionsgröße	Netto-Kohlenhydrate
saure Sahne	2 Esslöffel	1.2 g
gebratene Pilze	½ Becher	1 g
gehacktes hartgekochtes Ei	1 Ei	0.5 g
geriebene Käsesorten	Siehe Käse oben für Nettokohlenhydrate.	
zerbröckelter, knuspriger Speck	3 Scheiben	0g

Salatgemüse (2-3 Tassen pro Tag)	Gewürze	Künstliche Süßstoffe	Getränke	Öle und Fette (Portionsgröße: 1 Esslöffel)

Sauerampfer romaine	Alle Gewürze, nach Belieben, aber ohne Zusatz von Zucker.	Sucralose, Stevia oder Saccharin	Wasser (mindestens acht 240 ml-Gläser pro Tag, einschließlich Mineralwasser, gefiltertes Wasser, Leitungswasser und Quellwasser	Nussbaum
Radieschen				Kaltgepresste oder expellergepresste Pflanzenöle -
Radicchio		- 1 Paket entspricht 1 Gramm Netto-Kohlenhydrate.		Olivenöl ist eines der besten.
Paprikaschoten				
Petersilie				
Pilze				
Mache				
Kopfsalat				
Jicama				Sonnenblume*
Fenchel				
Schnecke				Sojabohnen*
Endiviens			Ungeschmackte	Sesam

* Messen Sie Salatgemüse immer roh.

* 1-2 Tassen koffeinhaltiger Tee oder Kaffee sind auf Wunsch und bei guter Verträglichkeit erlaubt. Wenn Sie Verlangen oder Hypoglykämie haben, dann verwenden Sie kein Koffein. Wenn Sie eine Sucht nach Koffein haben, dann ist die Induktionsphase das beste Stadium, um die Gewohnheit aufzugeben.

* Limetten- und Zitronensaft auf 2 Esslöffel pro Tag beschränken.

*Bei der Verwendung dieser Öle dürfen die Temperaturen nicht zu hoch werden. Für die Sauce verwenden Sie Olivenöl. Für die Zubereitung von Salat oder gekochtem Gemüse verwenden Sie Sesam- oder Walnussöl - nicht zum Kochen.

Basis-Gemüse

Gemüse	Portionsgröße	Netto-Kohlenhydrate (g)
Alfalfasprossen (roh)	1/2 Tasse	0
Artischocke (mariniert)	1, je	1
Rucola (roh)	1/2 Tasse	0.2
Spargel (gekocht)	6 Stangen	1.9
Avocado, Haas	1/2 Frucht	1.3
Rübengrün (gekocht)	1/2 Tasse	1.8
Paprika, grün, gehackt (roh)	1/2 Tasse	2.2
Paprika, rot, gehackt (roh)	1/2 Tasse	3
Bok Choi (gekocht)	1/2 Tasse	0.4

Brokkoli (gekocht)	1/2 Tasse	1.8
Brokkoli-Robe (gekocht)	1/2 Tasse	1.2
Broccolini (gekocht)	3, je	1.9
Rosenkohl (gekocht)	1/2 Tasse	3.5
Champignons (roh)	1/2 Tasse	0.8
Kohl (gekocht)	1/2 Tasse	2.7
Blumenkohl (gekocht)	1/2 Tasse	1.7
Sellerie (roh)	1 Stiel	1
Kirschtomate	10, jeder	4.6
Zichoriengrün (roh)	1/2 Tasse	0.1
Halsband-Grün (gekocht)	1/2 Tasse	1
Gurke, in Scheiben geschnitten (roh)	1/2 Tasse	1.6

Daikon Rettich, gerieben (roh)	1/2 Tasse	1.4
Aubergine (gekocht)	1/2 Tasse	2.3
Endivien (roh)	1/2 Tasse	0.1
Escarole (roh)	1/2 Tasse	0.1
Fenchel (roh)	1/2 Tasse	1.8
Knoblauch, gehackt (roh)	2 Esslöffel	5.3
Grüne Bohnen (gekocht)	1/2 Tasse	2.9
Herz der Handfläche	Je 1 Stück	0.7
Jicama (roh)	1/2 Tasse	2.6
Grünkohl (gekocht)	1/2 Tasse	2.4
Kohlrabi (gekocht)	1/2 Tasse	4.6

Lauch (gekocht)	2 Esslöffel	3.4
Salat, durchschnittlich (roh)	1/2 Tasse	0.5
Okra (gekocht)	1/2 Tasse	1.8
Oliven, schwarz	5, jeder	0.7
Oliven, grün	5, jeder	0.1
Pickles, Dill	1, je	1
Portobello-Pilz (gekocht)	1, je	2.6
Kürbis, gepült (gekocht)	1/2 Tasse	4.7
Radicchio (roh)	1/2 Tasse	0.7
Radieschen (roh)	1, je	0.2
Rot/Weiße Zwiebel, gehackt (roh)	2 Esslöffel	1.5
Rhabarber (roh)	1/2 Tasse	1.8
Sauerkraut (abgetropft)	1/2 Tasse	1.2

Schalotte, gehackt (roh)	1/2 Tasse	2.4
Schalotte, gehackt (roh)	2 Esslöffel	3.4
Zuckerschoten (gekocht)	1/2 Tasse	5.4
Spaghetti-Kürbis (gekocht)	1/2 Tasse	4
Spinat	1/2 Tasse	1
Spinat (roh)	1/2 Tasse	0.2
Sprossen, Mungobohnen (roh)	1/2 Tasse	2.2
Mangold (gekocht)	1/2 Tasse	1.8
Tomate (gekocht)	1/2 Tasse	8.6
Tomate, klein (roh)	1, je	2.5
Rüben (gekocht)	1/2 Tasse	2.4

Rübengrün (gekocht)	1/2 Tasse	0.6
Brunnenkresse (roh)	1/2 Tasse	0.1
Gelber Kürbis (gekocht)	1/2 Tasse	2.6
Zucchini (gekocht)	1/2 Tasse	1.5

Sie müssen ungefähr 12-15 Gramm Nettokohlenhydrate täglich durch Gemüse essen, das entspricht mehreren Tassen, abhängig vom tatsächlichen Kohlenhydratgehalt des Gemüses. Eine Tasse ist etwa so groß wie ein Baseball.

Kräuter und Gewürze		
Kräuter/Gewürz	Portionsgröße	Netto-Kohlenhydrate (g)

Basilikum	1 Esslöffel	0
Schwarzer Pfeffer	1 Teelöffel	0.9
Cayennepfeffer	1 Esslöffel	0
Schnittlauch (frisch oder getrocknet)	1 Esslöffel	0.1
Koriander	1 Esslöffel	0
Dill	1 Esslöffel	0
Knoblauch	1 Zehe	0.9
Ingwer, frisch, gerieben	1 Esslöffel	0.8

Oregano	1 Esslöffel	0
Petersilie	1 Esslöffel	0.1
Rosmarin, getrocknet	1 Esslöffel	0.8
Salbei, gemahlen	1 Teelöffel	0.8
Estragon	1 Esslöffel	0

Salatdressings

Kräuter/Gewürz	Portionsgröße	Netto-Kohlenhydrate (g)
Balsamico-Essig	1 Esslöffel	2.7
Bleu-Käse	2 Esslöffel	2.3
Cäsar	2 Esslöffel	1
Italienisch, Cremig	2 Esslöffel	3
Zitronensaft	2 Esslöffel	2
Limettensaft	2 Esslöffel	2.4
Ranch	2 Esslöffel	1.4
Rotweinessig	1 Esslöffel	0

Jedes fertige Salatdressing ohne Zuckerzusatz und mit nicht mehr als 2 Gramm Nettokohlenhydrate pro Portion (1-2 Esslöffel) ist zulässig. Oder machen Sie Ihr eigenes Dressing.

** Wenn Sie sich entscheiden, länger als 2 Wochen in Phase 1 zu bleiben, können Sie 3 Gramm Netto-Kohlenhydrate durch das Gemüse gegen 3 Gramm Netto-Kohlenhydrate von Samen oder Nüssen austauschen. Lassen Sie Ihre pflanzlichen Netto-Kohlenhydrate nicht weniger als 12 Gramm werden.

Der Übergang auf einen Blick

Um Ihnen einen besseren Überblick über die Übergänge zwischen den einzelnen Phasen zu geben, ist hier eine allgemeine Richtlinie für die Lebensmittel, die Sie in jeder Phase essen dürfen.

Phase 1: Induktion - 20 Gramm Netto-Kohlenhydrate täglich (12-15 Gramm Netto-Kohlenhydrate von Gemüse)	Phase 2: Ausgleich - 20-25 Gramm Netto-Kohlenhydrate täglich	Phase 3: Vor-Beibehaltung - 50-80 Gramm Netto-Kohlenhydrate täglich	Phase 4: Lebenslange Beibehaltung - 80-100 Gramm Netto-Kohlenhydrate täglich

Akzeptable Lebensmittel	Akzeptable Lebensmittel	Akzeptable Lebensmittel	Akzeptable Lebensmittel
Basis-Gemüse	Basis-Gemüse	Basis-Gemüse	Basis-Gemüse
Gesunde Fette	Gesunde Fette	Gesunde Fette	Gesunde Fette
Proteine	Proteine	Proteine	Proteine
Die meisten Käsesorten	Die meisten Käsesorten	Die meisten Käsesorten	Die meisten Käsesorten
Saatgut und Nüsse	Saatgut und Nüsse	Saatgut und Nüsse	Saatgut und Nüsse
		Melone, Kirschen oder Beeren	Melone, Kirschen oder Beeren
		Vollmilch Hüttenkäse, Ricotta oder	Vollmilch Hüttenkäse, Ricotta oder

	Zusätzliche akzeptierte Lebensmittel	Zusätzliche akzeptierte Lebensmittel	Zusätzliche Früchte
			Vollkorngetreide
			Stärkegemüse
	Melone, Kirschen oder Beeren	Zusätzliche Früchte	
	Vollmilch	Vollkorngetreide	
	Hüttenkäse, Ricotta oder griechischer Joghurt	Stärkegemüse	
	Hülsenfrüchte		
	Tomatensaft		

Denken Sie während Ihres Übergangs zwischen den Phasen daran, auf Ihre Kohlenhydratverträglichkeit zu achten. Der Schlüssel ist, herauszufinden, wie viel Nettokohlenhydrate Sie täglich brauchen, ohne Gewicht zu verlieren oder zuzunehmen, sobald Sie Ihr Gewichtsziel erreicht haben.

Kapitel 3: Ketose - Fettverbrennung und Gewichtsabnahme

Jetzt, wo Sie die Reise zu Ihrer Low Carb Diät begonnen haben, ist hier ein zugänglicher Leitfaden für die erlaubten Lebensmittel für jede Phase.

Der Körper verwendet in der Regel Glukose, welche aus Kohlenhydraten gewonnen wird, für die Energie, die er benötigt, vor allem, um das Gehirn zu versorgen. Wenn Sie mit der Low Carb Diät beginnen, begrenzen Sie Ihre Kohlenhydrataufnahme - vor allem durch die vielen verarbeiteten Snacks, stärkehaltigem Gemüse, den meisten Früchten, Nudeln, Brot und Zucker. Wenn Ihr Körper wenig Energiequellen hat - Glukose aus Kohlenhydraten -, wird Ihr Körper in einen so genannten Ketosezustand gebracht, was bedeutet, dass Ihr Körper jetzt nach anderen Energiequellen suchen wird. Er beginnt, Fett als Kraftstoff zu verbrennen und ermutigt so Ihren Körper, überschüssiges Fett zu verlieren. Wenn Ihr Körper Fett verbrennt und es als

Kraftstoff verwendet, produziert er Ketone, welche zur wichtigsten Energiequelle des Körpers wird. Diese Ketose ist der Schlüssel der Low Carb Diät, die zum Gewichtsverlust führt und es zu einem Gesundheitsplan macht.

10 Anzeichen von Ketose

Wenn sich Ihr Körper im Zustand der Ketose befindet, wird er vielen biologischen Anpassungen unterzogen, darunter dem Abbau von Fett und Insulin. Wenn dies geschieht, beginnt Ihre Leber, große Mengen an Ketonen zu produzieren, um Ihr Gehirn mit Energie zu versorgen. Es kann jedoch schwierig sein, festzustellen, ob sich Ihr Körper im Zustand der Ketose befindet oder nicht. Hier sind die 10 häufigsten Symptome und Anzeichen einer Ketose, sowohl die positiven als auch die negativen Auswirkungen.

Schlechter Atem

Dies ist eine häufige Nebenwirkung der Low Carb-Diät und anderer ähnlicher Diäten, sobald jemand die volle Ketose erreicht hat. Durch den erhöhten Ketonspiegel in Ihrem

Körper nimmt Ihr Atem einen fruchtigen Geruch an. Das spezifische Keton, das schlechten Atem verursacht, ist Aceton, das sowohl im Atem als auch im Urin vorhanden ist.

Um unangenehme soziale Interaktionen zu vermeiden, müssen Sie sich mehrmals täglich die Zähne putzen oder zuckerfreies Kaugummi kauen. Keine Sorge, das ist keine dauerhafte Sache. Der schlechte Atem wird nach einiger Zeit auf der Diät verschwinden.

Gewichtsabnahme

Dies ist eines der Anzeichen und Symptome, die Sie erreichen wollen. Wenn sich Ihr Körper in einem Zustand der Ketose befindet, werden Sie sowohl kurz- als auch langfristig abnehmen. In den ersten 2 Wochen oder Phase 1 werden Sie schneller abnehmen. Jedoch ist das meiste des Gewichts, das Sie während dieser Phase verlieren, hauptsächlich Wasser und gespeicherte Kohlenhydrate.

Nach dem anfänglichen Gewichtsverlust verlieren Sie konsequent Ihr Körperfett, solange Sie sich an den Diätplan halten.

Erhöhte Ketone im Blut

Eines der Merkmale einer Low-Carb-Diät ist der Anstieg der Ketone und der reduzierte Blutzuckerspiegel im Körper. Während Ihr Körper von der Verwendung von Glukose aus Kohlenhydraten als Energiequelle zur Fettverbrennung und der Verwendung von Keton als primäre Energiequelle übergeht, wird der Ketonspiegel in Ihrem Blut steigen.

Wenn Sie den Gehalt an Ketonen in Ihrem Körper wissen wollen, misst ein spezielles Messgerät das Beta-Hydroxybutyrat (BHB), eines der primären Ketone, in Ihrem Blut. Dies ist ein genauer Test. Er ist jedoch etwas teuer, so dass die meisten Menschen einmal pro Woche oder alle 2 Wochen testen.

Erhöhte Ketone im Atem oder Urin

Eine weitere Möglichkeit, den Ketonspiegel im Blut zu messen, ist die Verwendung eines Atemanalysators, der Aceton, eines der primären Ketone, in Ihrem Blut überwacht, wenn sich der Körper in Ketose befindet. Dieser Test ist ebenfalls genau, aber weniger zuverlässig als die Blutanalysemethode.

Außerdem können erste Indikatorstreifen auch zur Messung des Ketonanteils im Urin verwendet werden. Sie können diese Methode täglich anwenden. Diese gelten jedoch nicht als sehr zuverlässig.

Appetitunterdrückung

Dieses spezifische Symptom wird noch untersucht, aber viele Menschen behaupten, dass ihr Hunger gesunken ist. Erste Studien deuten darauf hin, dass dies auf eine erhöhte Aufnahme von Gemüse und Proteinen sowie auf Veränderungen der körpereigenen Hungerhormone zurückzuführen sein könnte. Es wird auch angenommen, dass Ketone das Gehirn auch so beeinflusst, dass der Hunger reduziert wird. Wenn Sie also nicht mehr so oft essen müssen wie bisher oder sich satt fühlen, können Sie sich in Ketose befinden.

Kurzfristige Ermüdung und Schwäche

Wenn Ihr Körper zum ersten Mal zur Ketose übergeht, kann dies zu Müdigkeit und Schwäche führen. Dieses Symptom der Ketose kann Sie dazu verleiten, die Low Carb-Diät zu beenden, bevor Sie in die Vollketose kommen und die verschiedenen langfristigen Vorteile nutzen.

Diese Symptome sind Teil des natürlichen Prozesses. Ihr Körper läuft schon seit langem auf Glukose aus Kohlenhydraten, so dass es einige Zeit dauern wird, bis er sich vollständig an ein neues System anpasst. Das Erreichen einer vollständigen Ketose geschieht nicht über Nacht. Es wird etwa 7-30 Tage dauern.

Also bleiben Sie dran. Geben Sie noch nicht auf. Nehmen Sie Elektrolytzusätze, um Müdigkeit zu reduzieren. Ihr Körper verliert in den frühen Phasen der Ernährung viel Elektrolyt, da der Körper viel Wasser und verarbeitete Lebensmittel, die zusätzlich Salz enthalten, ausscheidet. Versuchen Sie, 300 mg Magnesium, 1000 mg Kalium und 2000-4000 mg Natrium pro Tag zu erhalten.

Kurzfristige Leistungsrückgänge

Die Eliminierung von Kohlenhydraten als Energiequelle kann zu allgemeiner Müdigkeit führen, was zu einer Verringerung der körperlichen Leistungsfähigkeit führt. Dies wird vor allem durch die Reduktion von Glykogen in den Muskeln verursacht, das die effizienteste und wichtigste

Energiequelle für jeden Sport ist.

Wenn sich Ihr Körper in einem Zustand der Ketose befindet, werden Sie Fett noch effizienter verbrennen. Studien zeigen, dass Menschen auf einer Low-Carb-Diät bis zu 230 Prozent mehr Fett konsumieren.

Erhöhte Energie und Fokussierung

Wenn Sie sich in den frühen Phasen der Low Carb-Diät befinden, können Sie sich krank, müde und erschöpft fühlen und unter Gehirnnebel leiden. Low-Carb-Diätetiker bezeichnen dies als "Keto-Grippe" oder "Low-Carb-Grippe".

Keine Sorge, wie bereits erwähnt; diese Symptome sind vorübergehend. Wenn sich Ihr Körper vollständig verändert hat, kehren Ihre Energie und Ihr Fokus zurück und nehmen sogar zu. Es wird ein paar Tage dauern, bis sich Ihr Körper angepasst hat und beginnt, diese Fette zur Energiegewinnung zu verbrennen.

Verdauungsprobleme

Die Low Carb-Diät beinhaltet eine signifikante Veränderung der Lebensmittel, die Sie essen. Sie können in den ersten

Phasen des Übergangs zunächst Durchfall oder Verstopfung haben. Diese Symptome werden irgendwann nachlassen. Achten Sie darauf, welche Lebensmittel, die Verdauungsprobleme verursachen.

Schlaflosigkeit

Wenn Sie zum ersten Mal Ihre Ernährung ändern und Ihren Kohlenhydratverbrauch reduzieren, kann dies zu einem Problem für Sie werden. Dies wird sich in der Regel nach ein paar Wochen verbessern. Wenn sich Ihr Körper erfolgreich an die Low Carb-Diät angepasst hat, werden Sie besser schlafen als vor einer Ernährungsumstellung.

Wann wird Ketose ein Problem?

Die Symptome der Ketose werden nach der ersten Phase der Low Carb-Diät langsam verschwinden. Wenn Sie Ihre Kohlenhrataufnahme allmählich erhöhen, finden Sie Ihre Kohlenhydrattoleranz oder Ihr Kohlenhydratgleichgewicht heraus - die Anzahl der Kohlenhydrate, die Sie essen können, ohne abzunehmen oder zuzunehmen.

Allerdings müssen Sie ein Auge auf einen hohen Gehalt an Ketonen haben. Es kann giftig sein und Ketoazidose verursachen, eine Erkrankung, die häufig bei Menschen mit Typ-1-Diabetes auftritt, deren Blutzucker- und Insulinspiegel nicht kontrolliert werden. Diese Situation ist mit dem Low Carb Diätplan unwahrscheinlich. Wenn Sie dennoch Symptome wie trockener Mund und Haut, Magenschmerzen, Erbrechen, Muskelsteifheit, Kopfschmerzen, verminderte Wachsamkeit, schnelles Atmen haben, konsultieren Sie sofort einen Arzt, um sicherzustellen, dass Ihr Körper in Ordnung ist, wenn Sie eine Ketose durchlaufen.

Kann ich eine LowCarb Diät machen, auch wenn ich Vegetarier bin?

Man kann diese Diät auch machen, wenn man Vegetarier oder Veganer ist, aber es ist schwieriger. Wenn Sie Vegetarier oder Veganer sind, müssen Sie die erste Phase der Ernährung überspringen, da diese Ihre Kohlenhydrataufnahme zu stark einschränkt.

Wenn Sie Vegetarier sind, können Sie viel Samen und Nüsse essen und Soja-basierte Lebensmittel als Proteinquelle verwenden. Sie können auch Eiweiß aus Käse und Eiern gewinnen. Kokosöl und Olivenöl sind ausgezeichnete pflanzliche Fettquellen.

Lacto-ovo-vegetarier können auch Käse, Eier, Schlagsahne, Butter und andere fettreiche Milchprodukte essen.

Wenn Sie Veganer sind, können Sie Ihr Protein aus Samen, Nüssen, Soja, Hülsenfrüchten und proteinreichen Körnern wie Quinoa gewinnen.

Wenn Sie eine glutenfreie Diät befolgen, wird es auch einfach sein, sich an die Low Carb-Diät zu halten. Lebensmittel mit Gluten sind reich an Kohlenhydraten. Menschen, die der Low Carb-Diät folgen, essen in der Regel weniger Gluten als Menschen mit einer Standard-Diät.

Die Low Carb-Diät ist auch eine salzarme Diät, da Sie sich so weit wie möglich von verpackten und konservierten Lebensmitteln fernhalten müssen - Lebensmittel, die mit Zusatz von Zucker, schlechten Fetten und mehr

Kohlenhydraten versehen sind.

Die gesundheitlichen Vorteile der Low Carb Diät

Wenn Sie immer noch Zweifel haben, ob Sie Ihre Ernährung auf Low Carb umstellen sollen, dann sind hier 10 bewährte Vorteile, die Sie sicherlich überzeugt werden.

Reduzierter Appetit

Die schlimmste Nebenwirkung einer regulären Diät ist der Hunger. Er ist auch einer der Hauptgründe, warum sich die meisten Menschen unglücklich fühlen und im Endeffekt die Diät aufgeben.

Eine der besten Dinge an einer Low-Carb-Diät ist, dass sie sofort zur Appetitunterdrückung führt. Studien zeigen immer wieder, dass die Reduzierung von Kohlenhydraten und die Ernährung gesünderer Fette und Proteine zu einem viel geringeren Kalorienverbrauch führt - ohne, dass dies angestrebt wird.

Tatsächlich wurde beim Vergleich von fettarmer Ernährung und Low-Carb festgestellt, dass sie die Kalorienzufuhr von Menschen in der fettarmen Ernährung aktiv einschränken mussten, um die Ergebnisse mit denen in der Low-Carb-Diät vergleichbar zu machen.

Bei einer Low Carb-Diät müssen Sie dies nicht einmal versuchen. Wenn Sie Ihre Kohlenhydrate reduzieren, sinkt Ihr Appetit natürlich. Daher essen Sie weniger Kalorien.

Gewichtsabnahme

Studien zeigen, dass die Reduzierung der Kohlenhydrataufnahme eine der einfachsten und effektivsten Möglichkeiten ist, Übergewicht zu verlieren. Leute auf einer Low-Carb-Diät verlieren Gewicht schneller als fettarme Diätetiker, auch wenn sie mit Diätetikern verglichen werden, die ihre Kalorien aktiv einschränken. Andere Studien zeigen, dass Leute auf einer Low-Carb-Diät etwa 2 bis 3 mal mehr abnehmen können, ohne Hunger zu bekommen.

Der Gewichtsverlust ist schnell, besonders in den ersten 6 Monaten der Diät. Denken Sie jedoch daran, wenn Sie

Gewicht auf der Low Carb-Diät verlieren, bedeutet das nicht, dass Sie anfangen können, wieder das alte Zeug von früher zu essen. Diese Diät ist ein Lebensstil, an den Sie sich kontinuierlich halten müssen.

Bauchfett verlieren

Nicht jedes Körperfett ist gleich. Wo sich Fett befindet, bestimmt, wie es sich auf Ihre Gesundheit auswirken kann und Ihr Risiko, bestimmte Krankheiten zu entwickeln. Unser Körper hat zwei Arten von Fett - subkutan oder Fett unter der Haut und viszeral oder fettleibig in der Bauchhöhle. Viszerales Fett ist die Art von Fett, die eher um die Organe herum eingebettet wird.

Wenn Sie viel Bauchfett haben, kann das viszerale Fett zu Insulinresistenz, Entzündungen und Stoffwechselstörungen führen.

Die Low Carb-Diät ist sehr effektiv bei der Reduzierung von schädlichem viszeralen Fett und wodurch Sie letztendlich an der Taille abnehmen. Im Laufe der Zeit wird dies Ihr Risiko für die Entwicklung von Typ-2-Diabetes und Herzerkrankungen verringern.

Triglyceride verringern

Triglyceride sind Moleküle von Fett. Höhere Triglyceridwerte setzen Sie dem Risiko der Atherosklerose oder der Verengung und Verhärtung der Atherosklerose oder Arterien aus, die Schlaganfälle, Herzinfarkte und periphere Gefäßerkrankungen verursachen. Hohe Triglyceride verursachen auch Pankreatitis und Fettleberkrankheiten.

Die Hauptursache für erhöhte Triglyceride ist der übermäßige Verzehr von Kohlenhydraten, insbesondere zu viel einfacher Zucker, wie beispielsweise Fruktose. Wenn Sie Ihren Kohlenhydratverbrauch reduzieren, senkt es auch die Triglyceridwerte in Ihrem Körper.

HDL-Spiegel (High-Density Lipoprotein) erhöhen

Es gibt 2 Arten von Cholesterin, HDL oder High-Density-Lipoprotein und LDL oder Low-Density-Lipoprotein. Es sind keine Cholesterine, wie die meisten glauben - LDL "schlechtes Cholesterin" und HDL "gutes Cholesterin" genannt -, sondern Lipoproteine, die Cholesterin im Blut transportieren.

LDL transportiert Cholesterin von der Leber zum Rest des

Körpers, während HDL Cholesterin vom Körper zur Leber transportiert, wo es ausgeschieden oder wiederverwendet werden kann.

Wenn Sie ein hohes Maß an HDL im Körper haben, senkt es das Risiko von Herzerkrankungen, da Cholesterin effizient zur Leber transportiert wird. Wenn Sie sich auf einer Low Carb-Diät befinden, erhöhen Sie Ihre Aufnahme von gutem Fett, was das Niveau Ihrer HDL erhöht.

Wenn Sie sich auf der Low Carb-Diät befinden, erhöhen Sie Ihren HDL-Spiegel und senken gleichzeitig den Triglyceridspiegel, was das Risiko einer Herzerkrankung effektiv verringert.

Verbessert LDL-Muster

LDL oder das, was die meisten Menschen "schlechtes Cholesterin" nennen, wie Sie eben gelernt haben, ist kein Cholesterin, sondern ein Protein, das Cholesterin von der Leber zum Blut transportiert.

Es ist bekannt, dass Menschen mit hohen LDL-Werten häufiger einen Herzinfarkt erleiden. Allerdings haben

Wissenschaftler vor kurzem entdeckt, dass es von dem LDL-Typ abhängt - nicht alle LDLs sind gleich. Man hat herausgefunden, dass die Größe der Partikel signifikant ist. Menschen mit kleinen LDL-Partikeln haben ein hohes Risiko für Herzerkrankungen, während Menschen mit meist großen Partikeln ein geringes Risiko haben.

Die Low Carb-Diät hilft, kleine LDL-Partikel in massive Partikel zu verwandeln und gleichzeitig die Anzahl der LDL-Partikel im Blutkreislauf zu reduzieren.

Reduzierung des Blutzucker- und Insulinspiegels

Kohlenhydrate werden in einfache Zucker zerlegt, meist Glukose, die leicht vom Körper aufgenommen werden. Wenn Sie viele Kohlenhydrate essen, erhöht es den Zuckerspiegel in Ihrem Körper. Um mit hohem Zuckergehalt fertig zu werden, produzieren Ihre Nebennieren Hormone namens Insulin. Um die Glukose in die Zellen zu bringen, um sie zu verbrennen und als Energie zu nutzen.

Bei den meisten gesunden Menschen reagiert der Körper schnell, um den Blutzuckerspiegel zu minimieren und zu verhindern, dass er Schaden anrichtet. Allerdings entwickeln bestimmte Menschen Insulinresistenz, ein Zustand, in dem der Körper nicht in der Lage ist, Insulin effizient zu verbrennen und Glukose als Energie zu nutzen, was zu einem hohen Zucker- und Insulinspiegel im Körper führt.

Die Low Carb-Diät bietet eine Lösung für beide Bedingungen. Wenn Sie Ihre Kohlenhydrate reduzieren, senken Sie gleichzeitig den Zucker- und Insulinspiegel in Ihrem Körper.

Senkt den Blutdruck

Bluthochdruck ist ein Risikofaktor für viele Krankheiten, wie z.B. Nierenversagen, Schlaganfall, Herzerkrankungen und viele weitere.

In einer Studie, die im Archiv der Inneren Medizin veröffentlicht wurde, zeigt, dass eine Low-Carb-Diät effektiv dazu beigetragen hat, dass fettleibige und übergewichtige Menschen Gewicht verlieren, von denen viele chronische Gesundheitsprobleme hatten, wie Diabetes und Bluthochdruck.

Behandelt das metabolische Syndrom

Wenn Sie zu viel Fett konsumieren, kann es zu verschiedenen Erkrankungen führen, wie z.B. hohem Triglycerid- und Cholesterinspiegel, überschüssigem Körperfett, insbesondere um die Taille, hohem Blutzuckerspiegel und erhöhtem Blutdruck. Alle diese Erkrankungen zusammen werden als metabolisches Syndrom bezeichnet, das das Risiko für Diabetes, Schlaganfall und Herzerkrankungen erhöht.

Wir haben bereits erwähnt, dass eine Low-Carb-Diät all diese Erkrankungen effizient bekämpft und somit auch das Stoffwechselsyndrom effektiv verhindert und behandelt. Mit der Low Carb-Diät erreichen Sie viele Ziele, indem Sie einfach die Anzahl der Kohlenhydrate, die Sie konsumieren, reduzieren,.

Therapeutisch bei mehreren Hirnerkrankungen

Es ist bekannt, dass das Gehirn Glukose braucht, um zu funktionieren. Andererseits ist es nicht allgemein bekannt, dass einige Teile des Gehirns nur Glukose verbrennen können, weshalb die Leber Glukose aus Eiweiß produziert, wenn eine Person keine Kohlenhydrate hat.

Aber der größte Teil des Gehirns verbrennt und verwendet auch Ketone, welches entsteht, wenn der Körper nicht genügend Kohlenhydrate oder Glukose bekommt. Es ist ein Prozess, bei dem der Körper Fett verwendet, besonders die Körper, die Fett gespeichert haben, um das Gehirn zu versorgen.

Dieses Verfahren wird seit Jahrzehnten zur Behandlung von Epilepsie bei Kindern eingesetzt, die nicht auf eine medikamentöse Behandlung ansprechen. In vielen dieser Fälle kann eine Low-Car Diät, die ketogene Ernährung, Epilepsie bei Kindern heilen. In einer Studie reduziert es die Anfälle signifikant und haben die Anfälle sogar aufgehört.

Derzeit werden sehr kohlenhydratarme oder ketogene Diäten für andere Hirnerkrankungen wie Parkinson und Alzheimer untersucht.

KAPITEL 4: WIE MAN MIT DEN NEBENWIRKUNGEN DER LOW-CARB-DIÄT UMGEHT

Wenn Sie gerade erst mit einer Low Carb-Diät beginnen, können Sie einige Nebenwirkungen erleben, während Sie von Ihrer normalen Ernährung zu einer Low Carb-Diät wechseln. Dieses Kapitel konzentriert sich auf die häufigsten Probleme, auf die Sie stoßen werden, und deren Lösungen.

Die Erhöhung der Salz- und Wasseraufnahme kann die häufigsten Probleme lösen, denen Sie begegnen werden. Wenn Sie dies in der ersten Woche Ihrer Ernährung tun, dann reduzieren Sie die Wahrscheinlichkeit, eines der unten aufgeführten Probleme zu erleben, oder diese nur geringfügig zu erleben.

Häufigste Nebenwirkungen

Induktionsgrippe

Dies ist die häufigste Nebenwirkung, die die meisten Menschen auf einer Low-Carb-Diät erleben. In der ersten Woche Ihrer Diät, oft an den Tagen 2 bis 4, können Sie Reizbarkeit, Gehirnnebel, Verwirrung, Übelkeit, Lethargie und Kopfschmerzen verspüren. Es imitiert grippeähnliche Symptome, daher wird es auch Induktionsgrippe genannt.

Kopfschmerzen sind eine weit verbreitete Nebenwirkung beim Übergang zu einer Low-Carb-Diät. Sie werden sich außerdem lethargisch, müde und unmotiviert fühlen. Auch Übelkeit kommt häufig vor. Sie werden sich auch verwirrt fühlen, "Brain Fog" erleben, und Sie werden sich vielleicht fühlen, als wären Sie dumm. Außerdem werden Sie gereizter sein - das werden vor allem Ihre Familie und Freund ezu spüren bekommen.

Die Heilung: Salz und Wasser

Machen Sie sich keine Sorgen. Diese Symptome verschwinden in der Regel nach ein paar Tagen. Die noch bessere Nachricht, Sie können diese Symptome leicht vermeiden. Sie werden oft traditionell durch Salzmangel und Dehydrierung aufgrund einer vorübergehenden Erhöhung der Urinproduktion verursacht.

Sie können 1/2 Teelöffel Salz in ein großes Glas Wasser geben, umrühren und trinken. Salzwasser kann die Nebenwirkungen innerhalb von 15 bis 30 Minuten reduzieren oder beseitigen. Wenn es Ihnen hilft, dann können Sie dies einmal täglich in der ersten Woche Ihres Übergangs trinken. Sie können auch Bouillon oder Brühe verwenden, wie z.B. Hühner- oder Rindfleischknochenbrühe, als eine leckere Alternative.

Mehr Fett essen

Wenn Sie auf einer Low-Carb-Diät sind, müssen Sie sicherstellen, dass Sie genügend gesundes Fett essen, um sich energetisch oder gesättigt zu fühlen. Andernfalls werden Sie sich erschöpft, hungrig und müde fühlen. Genügend Fett zu sich zu nehmen beschleunigt Ihren Übergang und minimiert die Zeit, in der Sie sich erschöpft fühlen, wenn Sie mit der Low Carb-Diät beginnen.

Wie bekomme ich genug Fett? Es gibt viele Möglichkeiten, aber im Zweifelsfall sollten Sie mehr Avocado, Butter oder Ghee, Kokosöl, natives Olivenöl extra und Omega-3 hinzufügen. Diese guten Fette finden sich in Meeresfrüchten wie Sardinen und Lachs, einigen Nüssen wie Walnüssen, Samen wie Leinsamen und Chiasamen und grünem Blattgemüse wie Brunnenkresse, Spinat, Grünkohl und Rosenkohl) in Ihrer Ernährung.

Was passiert, wenn die Zugabe von Salz, Wasser und Fett die Induktionsgrippe nicht beseitigt? Das Beste, was man tun kann, ist, durchzuhalten. Die Symptome verschwinden in der Regel innerhalb weniger Tage, da sich Ihr Körper an die Low Carb-Diät anpasst und beginnt, Fett zu verbrennen.

Bei Bedarf können Sie Ihrer Ernährung etwas mehr Kohlenhydrate hinzufügen, um langsam in die Low Carb-Diät überzugehen. Diese Option ist jedoch nur eine letzte Option, da sie den Prozess verlangsamt und den Gewichtsverlust und die Verbesserung der Gesundheit weniger offensichtlich macht.

Beinkrämpfe

Dies ist auch eine häufige Nebenwirkung beim Start der Low Carb-Diät. Es ist in der Regel eine kleine Nebenwirkung, aber es kann manchmal schmerzhaft sein. Diese Nebenwirkung entsteht durch den Verlust von Mineralien, insbesondere Magnesium, verursacht durch vermehrtes Wasserlassen.

Wie vermeide ich das?
Trinken Sie viel Flüssigkeit und genügend Salz. Es reduziert den Magnesiumverlust und hilft, Krämpfe in den Beinen zu vermeiden. Bei Bedarf können Sie ein Magnesiumpräparat einnehmen. Sie können 3 langsam freisetzende Magnesiumtabletten wie Mag64 oder Slow-Mag täglich für 20 Tage einnehmen. Nach 20 Tagen können Sie 1 Tablette täglich einnehmen.

Wenn das Trinken von viel Flüssigkeit, das Erhalten von genügend Salz und die Einnahme von Magnesiumpräparaten die Nebenwirkung nicht lindert, können Sie wieder ein wenig mehr Kohlenhydrate essen und dabei bedenken, dass es die Wirkung der Low Carb-Diät beeinflusst.

Verstopfung

Wenn Sie gerade erst mit der Low Carb-Diät beginnen, wird Ihr Verdauungssystem Zeit brauchen, um sich anzupassen, und Sie können Probleme beim Stuhlgang haben.

Verstopfung wird oft durch Dehydrierung verursacht; trinken Sie daher viel Flüssigkeit. Wenn Sie auf einer Low-Carb-Diät sind, werden Sie viel Flüssigkeit aus Ihrem Körper ausscheiden, was den Körper mehr Wasser aus dem Dickdarm aufnehmen lässt, wodurch der Inhalt trockener und härter wird, was zu Verstopfung führt.

Ebenso müssen Sie den Verbrauch von Gemüse und anderen Ballaststoffen erhöhen. Dies hilft den Dingen im Darm, sich zu bewegen und reduziert das Risiko einer Verstopfung. Sie können Psylliumkernschalen in Ihre Getränke füllen, um eine äußerst kohlenhydratarme Faserzugabe zu erreichen.

Wenn die oben genannten Lösungen nicht ausreichen, verwenden Sie Magnesiamilch, um Verstopfung zu lindern.

Mundgeruch und Körpergeruch

Vorhin haben Sie erfahren, dass Mundgeruch ein Zeichen

von Ketose ist. Menschen erleben oft einen fruchtigen Geruch in ihrem Atem, der sie normalerweise an Nagellack erinnert. Dies ist der Geruch von Aceton, einer Art Keton, was auch ein Zeichen dafür ist, dass Ihr Körper Fett verbrennt und es in Ketone umwandelt, um das Gehirn zu treiben. Einige Leute erleben diesen Geruch als Körpergeruch, wenn sie viel schwitzen oder trainieren.

Nicht jeder erlebt Keton in seinem Atem oder Körpergeruch, und für viele Menschen sind diese Nebenwirkungen nur vorübergehend und verschwinden oft für etwa 1-2 Wochen. Wenn sich der Körper anpasst, stoppt er das "Austreten" von Ketonen aus Schweiß und Atem.

Allerdings lässt diese Nebenwirkung nicht immer nach und es kann zu Problemen führen.

Wie die vorhergehenden Lösungen, die oben für die anderen Nebenwirkungen erwähnt wurden, kann das Trinken von genügend Flüssigkeit und das Erhalten von genügend Salz helfen. Sie werden spüren, wie Ihr Mund zu Beginn der Low Carb-Diät trocken wird, wenn Ihr Körper in Ketose gerät - das bedeutet, dass Ihr Mund weniger Speichel hat, um die

Bakterien wegzuspülen, was zu schwerem Atem führt, so dass Sie viel Flüssigkeit trinken müssen.

Zweitens müssen Sie eine gute Mundhygiene praktizieren. Das zweimalige Zähneputzen am Tag stoppt den Ketogeruch vollständig, verhindert aber, dass er sich mit anderen Gerüchen vermischt. Sie können 1-2 Wochen warten - wie bereits erwähnt, ist diese Nebenwirkung vorübergehend und verschwindet.

Wenn der Geruch zu einem langfristigen Problem wird und Sie ihn loswerden wollen, ist der einfache Weg, den Grad der Ketose zu reduzieren. Dieses bedeutet, dass Sie ein wenig mehr Kohlenhydrate essen müssen, ungefähr 50 bis 70 Gramm Kohlenhydrate täglich ist genug, zum aus Ketosis herauszukommen. Natürlich wird sich dies auf Ihre Diät auswirken. Es kann den Gewichtsverlust und die gesundheitlichen Vorteile reduzieren, aber für einige Menschen sind etwas mehr Kohlenhydrate immer noch ausreichend. Eine weitere Möglichkeit ist die Einnahme von etwa 50 bis 70 Gramm Kohlenhydraten pro Tag zusammen mit einem intermittierenden Fasten. Sie erhalten ungefähr den gleichen Effekt wie eine strenge Low Carb-Diät ohne Geruch.

Herzklopfen

In der ersten Woche der Low Carb-Diät ist es auch üblich, eine leicht erhöhte Herzfrequenz zu erleben. Dehydrierung und Salzmangel sind zu häufig die Ursache dafür, dass Ihr Herz etwas stärker schlägt. Wenn eine reduzierte Menge an Flüssigkeit in Ihrem Körper zirkuliert, wird das Zentrum etwas härter pumpen, um den Blutdruck aufrechtzuerhalten.

Die Lösung

Auch hier ist es wichtig, viel Flüssigkeit zu trinken und genügend Salz zu bekommen.

Falls erforderlich

Wenn das Trinken von viel Wasser und genügend Salz das Herzklopfen nicht lindert, kann es das Ergebnis von Stresshormonen sein, die freigesetzt werden, um den Blutzuckerspiegel zu halten. Dies ist auch eine vorübergehende Nebenwirkung, da sich Ihr Körper an die Low Carb-Diät anpasst, die in der Regel auch nach 1-2 Wochen verschwindet.

Wenn das Problem fortbesteht und Ihr Herzklopfen lästig wird - erhöhen Sie leicht die Anzahl der Kohlenhydrate, die Sie konsumieren.

Was ist, wenn ich Medikamente gegen Diabetes einnehme?

Die Verringerung der Menge der Kohlenhydrate, die den Blutzucker erhöhen, wird den Bedarf an Medikamenten zur Senkung des Blutzuckers verringern. Die Einnahme der gleichen Insulindosis vor der Einnahme der Low Carb-Diät kann zu niedrigem Blutzucker führen, was oft zu Herzklopfen führt.

Wenn Sie mit der Low Carb-Diät beginnen, müssen Sie Ihren Blutzucker regelmäßig überwachen und Ihre Medikamente entsprechend anpassen oder senken. Denken Sie daran, dass Sie dies mit Hilfe eines sachkundigen Arztes tun müssen. Wenn Sie gesund sind oder wenn Sie Diabetes haben und Ihre Erkrankung mit Diät oder Metformin behandeln, dann besteht wenig Risiko einer Hypoglykämie.

Was ist, wenn ich einen hohen Blutdruck habe?

Hoher Blutdruck verbessert oder normalisiert sich, wenn Sie

die Low Carb-Diät anwenden. Sie müssen Ihre Medikamente reduzieren, da die übliche Dosis zu hoch werden kann, was zu niedrigem Blutdruck führen kann, der auch Herzklopfen und erhöhten Puls verursacht.

Wenn Sie diese Symptome verspüren, überprüfen Sie Ihren Blutdruck. Wenn Ihr Blutdruck niedrig und unter 100/70 ist, sollten Sie Ihren Arzt konsultieren, um die Reduzierung oder Einstellung Ihrer Medikamente zu besprechen.

Reduzierte körperliche Leistungsfähigkeit

In den ersten Wochen der Ernährungsumstellung auf die Low Carb-Diät können Sie auch eine verminderte körperliche Leistungsfähigkeit aufgrund von Salz- und Flüssigkeitsmangel feststellen, während Ihr Körper immer noch von der Verwendung von Glukose als primäre Energiequelle zur Fettverbrennung übergeht.

Trinken Sie ein Glas Wasser, mit 1/2 Teelöffel Salz, etwa 30-60 Minuten vor dem Sport, um dies zu ändern. Es gibt jedoch keine schnelle Lösung, da sich Ihr Körper von der Zuckerverbrennung zur Fettverbrennung verlagert. Es wird einige Monate dauern, bis sich Ihr Körper an die Energie anpasst und sie vollständig nutzt. Dennoch ist die Anpassung umso schneller, je mehr Sport zu machen und je kohlenhydratärmer Ihre Ernährung ist.

Erhöhte körperliche Leistungsfähigkeit bei der Low Carb Diät

Obwohl Sie möglicherweise eine verminderte körperliche Leistungsfähigkeit erleben, während Ihr Körper sich noch im Umbruch befindet, ist der langfristige Nutzen der Ernährung eine Steigerung der körperlichen Leistungsfähigkeit, wenn sich Ihr Körper vollständig angepasst hat. Außerdem, weil Ihr Körper gespeichertes Fett als Energiequelle verwendet, wird es Ihr Gewicht reduzieren, was ein großer Vorteil für die meisten Sportarten ist.

Am wenigsten häufige Nebenwirkungen

Temporärer Haarausfall

Eine Ernährungsumstellung kann zu vorübergehendem Haarausfall führen. Obwohl selten, kann dies auch in der Low Carb-Diät vorkommen. Wenn dies der Fall ist, geschieht es in der Regel etwa 3 bis 6 Monate nach dem Start der Diät, und Sie werden den Haarausfall vor allem bemerken, wenn Sie kämmen oder bürsten.

Machen Sie sich keine Sorgen. Dies ist eine vorübergehende Nebenwirkung, und die Ergebnisse des Haarausfalls werden selten spürbar sein. Nach ein paar Monaten wachsen neue Haare.

Wie minimiere ich das Risiko von Haarausfall?
Temporärer Haarausfall ist relativ selten, und Sie werden ihn kaum bemerken. Es kann jedoch helfen, wenn Sie in den ersten Wochen der Low Carb-Diät Stress abbauen. Auch sollten Sie genügend Schlaf bekommen, seien Sie zu selbst sanft, und fangen Sie kein intensives Trainingsprogramm an, wenn Sie gleichzeitig mit der Low Carb-Diät beginnen - warten Sie mindestens ein paar Wochen, wenn Ihr Körper auf einem guten Weg des Übergangs sind.

Erhöhter Cholesterinspiegel

Die Low Carb-Diät und andere Diäten verbessern Ihr Cholesterinprofil. Der klassische Effekt jeder Low-Carb-Diät ist eine leichte Erhöhung von HDL oder gutem Cholesterin, da man sich meist darauf konzentriert, was das Risiko einer Herzerkrankung senkt. Insbesondere werden die Triglyceride niedriger, und die LDL-Partikel werden substanzieller und flockiger.

Es gibt aber auch seltene potenzielle Probleme. Einige wenige Menschen, die sich auf einer Low-Carb-Diät befinden, können eine ungewöhnlich hohe LDL-Partikelzahl haben, was auf ein erhöhtes Risiko für Herzerkrankungen hindeutet, , wahrscheinlich aufgrund der Genetik Es gibt neue Cholesterintests, die feststellen können, ob Sie eine außergewöhnlich hohe LDL-Partikelzahl haben.

Wenn Sie zu dieser kleinen Gruppe von Menschen gehören, lohnt es sich, Maßnahmen zu ergreifen, um mögliche Risiken zu korrigieren und zu vermeiden.

Hören Sie auf, kugelsicheren Kaffee zu trinken (Kaffee mit MCT-Öl, Kokosöl oder Butter) und essen Sie keine nennenswerte Menge an Fett, wenn Sie keinen Hunger haben - allein das kann den Cholesterinspiegel normalisieren. Essen Sie nur, wenn Sie hungrig sind und erwägen, intermittierendes Fasten anzuwenden. Erwägen Sie die Konsumierung von mehr ungesättigten Fetten wie Avocados, fettem Fisch und Olivenöl. Denken Sie dann darüber nach, ob Sie eine strenge Low Carb-Diät einhalten müssen. Wenn eine liberalere oder moderate Ernährung, etwa 50 bis 100 Gramm Kohlenhydrate täglich, für Sie in Ordnung ist, dann werden Sie wahrscheinlich einen niedrigeren Cholesterinspiegel haben.

Geringere Alkoholtoleranz

Leute, auf einer Low-Carb-Diät geben an, dass Sie weniger Alkohol trinken müssen, um betrunken zu werden. Seien Sie also vorsichtig, wenn Sie während Ihrer ersten Zeit auf der Diät ein alkoholisches Getränk trinken. In den meisten Fällen braucht man nur noch halb so wenig alkoholische Getränke, um betrunken zu werden. Seien Sie darauf vorbereitet und trinken Sie keine alkoholischen Getränke mehr, als Sie vertragen können. Denken Sie immer daran, nicht zu trinken und zu fahren.

Mögliche Gefahren für stillende Mütter

Es ist ein Vorfall von einer stillenden Mutter bekannt, die wegen schwerer Ketoazidose ins Krankenhaus eingeliefert wurde. Es wurde direkt festgestellt, dass ihre Low-Carb-Diät einer der Faktoren ist, weshalb sie ins Krankenhaus gekommen ist. Ihre Ketoazidose wird jedoch nicht durch ihre Low-Carb-Diät verursacht.

Sie war auf einer Low-Carb, fettreichen Ernährung für etwa 6 Jahre, als der Vorfall eintrat. Sie erlebte auch Stress während ihrer zweiten Schwangerschaft und nach der Geburt. Sie verlor ihren Appetit und bekam nicht genug Energie und Kohlenhydrate. Sie aß fast nichts, während sie stillen musste, was ihren Körper an Nährstoffen erschöpfte. Zu behaupten, dass die Low-Carb-Diät sie krank gemacht hat, ist nicht das ganze Bild.

Viele Frauen und Mütter berichten von Low-Carb-Diäten mit großem Erfolg und ohne Probleme während des Stillens. Es ist jedoch möglich, dass eine strenge Low-Carb-Diät während der Stillzeit zu anspruchsvoll sein kann, wenn der Körper Kohlenhydrate für die Muttermilch produzieren muss. Wenn Sie auf einer strengen Low-Carb-Diät sind und stillen, muss Ihr Körper mehr Kohlenhydrate liefern als Frauen, die keine Babys stillen.

Bisher gab es 5 Fälle von Ketoazidose während der Laktation, von denen 2 möglicherweise mit einer Low-Carb-Diät verbunden sind, während 3 mit Hunger verbunden sind.

Obwohl diese Fälle selten vorkommen, ist es eine gute Idee, bei einer Low-Carb-Diät während des Stillens wachsam zu sein. Eine gute Alternative ist die Aufnahme von etwas mehr Kohlenhydraten, mit mehr als 50 Gramm Kohlenhydraten täglich. Beachten Sie, dass das Stillen Kohlenhydrate verbraucht - gehen Sie kein unnötiges Risiko ein!

Wenn Sie grippeähnliche Symptome verspüren - Kopfschmerzen, Übelkeit, ungewöhnlich durstig, schwach und krank - dann sollten Sie die Menge an Flüssigkeit und Kohlenhydraten deutlich erhöhen und sofort einen Arzt aufsuchen.

Keto Ausschlag

Diese ungewöhnliche Nebenwirkung tritt auf, wenn Sie auf einer Low-Carb-Diät sind, aber einige Leute erleben dies, und es kann sehr lästig sein.

Dieses Jucken, das manchmal als "Ketonausschlag" bezeichnet wird, kann lästig sein und manchmal den Schlaf stören. Der Ausschlag und Juckreiz sind immer fast symmetrisch auf beiden Seiten des Körpers und entwickeln sich meist über der Brust, unter den Achseln, auf dem Rücken und manchmal auch am Hals.

Was verursacht Keto Ausschlag?

Es gibt viele Theorien. Sie alle haben jedoch ein paar gemeinsame Nenner. Juckreiz beginnt in der Regel kurz nachdem eine Person in Ketose gerät und hört normalerweise 1-2 Tage auf, nachdem eine Person mehr Kohlenhydrate gegessen hat und aus der Ketose austritt. Der Juckreiz verschlimmert sich oft bei Hitze oder nach dem Training, und die übliche Stelle des Ausschlags und des Juckens sind Bereiche, in denen sich Schweiß ansammeln kann. Ketoseschweiß kann Aceton enthalten, das bei hohen Konzentrationen reizend sein kann. Kombinieren wir alle diese Symptome, dann können wir davon ausgehen, dass der Juckreiz, den manche Menschen empfinden, durch Ketone im Schweiß verursacht wird, vielleicht während er im Körper trocknet.

Wie heile ich Keto Ausschlag?

Wenn die Temperatur heiß ist, tragen Sie bequeme Kleidung, damit Sie nicht mehr als nötig schwitzen und schalten Sie bei Bedarf die Klimaanlage an. Nach dem Training hilft es, wenn Sie duschen. Wenn der Juckreiz sehr beunruhigend wird, können Sie das Training für ein paar Tage überspringen oder eine Aktivität wählen, die keinen Schweiß produziert, wie z.B. ein kurzes Krafttraining.

Wenn die oben genannten Lösungen die Nebenwirkungen nicht beheben, müssen Sie möglicherweise die Ketose beenden und mit einer Linderung innerhalb von 1-2 Tagen rechnen. Sie können dies tun, indem Sie täglich etwa 50 Gramm oder mehr Kohlenhydrate essen. Um die meisten Vorteile der Low Carb-Diät zu nutzen - zumindest bei Typ-2-Diabetes und Gewichtsabnahme, können Sie täglich bis zu 50 bis 100 Gramm Kohlenhydrate essen und intermittierendes Fasten hinzufügen.

Befolgen Sie keine anderen empfohlenen Behandlungen, von denen Sie vielleicht lesen, wie Antibiotika oder spezielle Cremes. Antihistaminika, Anti-Pilz-Cremes und Steroide sind nicht ausreichend. Der sicherste Weg ist, die Ketose zu beenden.

Kann ich Ketose noch einmal hervorrufen?

Die Antwort ist ja, vor allem, wenn Sie sich gut fühlen und viele Vorteile durch die Ketose haben. Der Ketoausschlag kann beim nächsten Mal ausbleiben. Normalerweise erhalten Menschen auf der Low Carb-Diät den Ausschlag nur einmal, in den frühen Phasen der Ketose. Die meisten Menschen erleben überhaupt keinen Keto-Ausschlag.

Wenn Sie den Ketonausschlag loswerden, indem Sie die Ketose beenden, können Sie dann jemals wieder Ketose nutzen? Die Antwort ist wahrscheinlich ja.

Beachten Sie alle oben genannten Hinweise. Wenn alles andere fehlschlägt, dann ist alles, was Sie tun müssen, ein bisschen mehr Kohlenhydrate zu essen, und das Problem wird höchstwahrscheinlich verschwinden.

KAPITEL 5: FRÜHSTÜCKSREZEPTE

Frühstücksrollen (Phase 1)

Portionen: 6

Netto-Kohlenhydrate pro Portion: 1 Gramm

Vorbereitungszeit: 15 Minuten

Garzeit: 15-30 Minuten

Zutaten:

- 3 Esslöffel Frischkäse, leicht oder normal, bei Raumtemperatur
- 3 Eigelb, bei Raumtemperatur
- 3 Eiweiß, bei Raumtemperatur
- 1/8 Teelöffel Weinsteinbackpulver bei Raumtemperatur
- 1 Paket Süßstoff
- Prise Salz

Anweisung:

1. Den Ofen auf 355F oder 180C vorheizen.

2. Den Frischkäse mit den Eigelben, dem Salz und dem Süßstoff in einer Schüssel verrühren, bis er gut vermischt ist.

3. In einer anderen Schüssel das Eiweiß schaumig schlagen. Das Backpulver hinzufügen und bei hoher Geschwindigkeit steif schlagen.

4. Das Eiweiß vorsichtig unter die Eigelbmischung heben, bis es glatt vermischt ist - sehr vorsichtig, damit das Eiweiß nicht zerfällt.

5. Teilen Sie den Teig und gießen Sie ihn in eine gefettete Muffinform mit 6 Muffins oder in eine Cookieform aus Silikon.

6. Im Ofen ca. 15 bis 20 Minuten backen.

7. Für die Zubereitung von Burgern oder Sandwiches verwenden oder einfach so mit zusätzlichem Süßstoff servieren.

Notiz: Kann auch bei geringerer Hitze, 300F oder 150C für ca. 30 Minuten gebacken werden.

Käse-Schinken und Paprika-Omelette (Phase 1)

Portionen: 2

Netto-Kohlenhydrate pro Portion: 4,6 Gramm

Vorbereitungszeit: 15 Minuten

Kochzeit: 15 Minuten

Zutaten:

Für die Füllung:

- 1/2 Tasse Cheddarkäse, zerkleinert
- 1/2 Tasse Schinken, gewürfelt
- 1/2 Esslöffel Olivenöl
- 1/3 Tasse Paprika, gehackt
- 1/4 Tasse Zwiebel, gehackt

Für das Omelett:

- 4 Eier, großformatig

- 2 Teelöffel Olivenöl

- 2 Esslöffel Wasser

- 1/4 Teelöffel Salz

- 1/4 Teelöffel Pfeffer

Anweisung:

1. Das 1/2 Esslöffel Olivenöl in eine große Antihaftpfanne geben und bei mittlerer bis starker Hitze vorheizen.

2. Zwiebel und Paprika dazugeben und einige Minuten oder bissfest garen. Den Schinken dazugeben und kochen, bis alle Zutaten leicht goldfarben sind. Die Füllmasse in eine Schüssel geben und beiseite stellen.

3. In einer mittelgroßen Schüssel die Eier mit Wasser, Pfeffer und Salz verquirlen, bis alles vermischt ist.

4. 1 Teelöffel Olivenöl in die gleiche Pfanne geben und bei mittlerer bis starker Hitze vorheizen.

5. Die Hälfte der Eimasse einfüllen und mit einem

Spatel leicht umrühren; bis zum Aushärten garen. Die Hälfte der Füllung auf eine Seite des Omeletts streichen und mit 1/4 Tasse geriebenem Käse belegen. Umklappen.

6. Weiterkochen, bis das Omelett gar ist und der Käse geschmolzen ist. Auf einen Teller legen.

Den Vorgang mit der restlichen Eimasse und der Füllung wiederholen. Warm servieren.

Zimt Soja Buttermilch Waffeln (Phase 1)

Portionen: 8

Netto-Kohlenhydrate: 4,9 Gramm

Vorbereitungszeit: 20 Minuten

Kochzeit: 5 Minuten pro Waffel

Zutaten:

- 1 Tasse Sojamehl
- 1 Esslöffel Backpulver
- 1 Teelöffel Vanilleextrakt
- 1/2 Tasse kaltes Wasser
- 1/2 Teelöffel Backpulver
- 1/3 Tasse (75 Gramm) Butter, geschmolzen
- 2 Teelöffel gemahlener Zimt
- 3 Eier, leicht geschlagen
- 3/4 Tasse Buttermilch

- 13 1/2 Päckchen Stevia-Süßstoff

Anweisung:

1. Das Waffeleisen nach den Anweisungen des Herstellers vorheizen.

2. Kombinieren Sie das Sojamehl in einer Rührschüssel mit dem Backpulver, gemahlenem Zimt, Süßstoff und Natron.

3. Butter, Buttermilch, Vanille und Eier dazugeben und gut vermischen.

4. Einen Esslöffel voll kaltes Wasser nach dem anderen dazugeben, bis Sie einen leicht dicken, aber noch fließenden Teig haben; überschüssiges Wasser entsorgen.

5. Geben Sie ca. 1/3 Tasse Teig in die Mitte des vorgewärmten Waffeleisens - stellen Sie die Menge entsprechend Ihres Waffeleisens ein.

6. Schließen und beide Seiten der Waffel garen, bis sie leicht gebräunt ist.

7. Wiederholen Sie den Vorgang mit dem verbleibenden Teig. Einfach so oder mit zuckerfreiem Sirup oder mit Früchten in Phase 3 warm servieren.

Soja-Schokoladen-Pfannkuchen (Phase 1)

Portionen: 8

Netto-Kohlenhydrate pro Portion: 4,9 Gramm

Vorbereitung. Dauer: 15 Minuten

Kochzeit: ca. 5 Minuten pro Pfannkuchen

Zutaten:

- 1 Tasse Milch
- 1 Tasse Sojamehl
- 1/2 Teelöffel Backpulver
- 1/4 Teelöffel Salz
- 2 Eier, großformatig, geschlagen
- 3 Esslöffel (1 1/2 Unzen oder 42 Gramm) ungesalzene Butter, geschmolzen
- 3 Esslöffel ungesüßtes Kakaopulver

- 6 Esslöffel granulierte Splenda

Anweisung:

1. Kombinieren Sie das Sojamehl in einer Rührschüssel mit Kakaopulver, Süßstoff, Salz und Backpulver.

2. Milch, Mehl und Eier dazugeben, verrühren, bis alles glatt ist. Den Teig 5 Minuten ruhen lassen.

3. Eine Antihaftpfanne bei mittlerer Hitze vorheizen. Wenn die Pfanne heiß ist, reduzieren Sie die Hitze auf mittel bis niedrig.

4. Geben Sie 1/4 Tasse Teig in die Pfanne und verteilen Sie ihn. Anbraten, bis die Unterseite hellbraun ist. Umdrehen und 1-2 Minuten länger backen lassen. Auf einen Teller geben. Wiederholen Sie den Vorgang mit dem verbleibenden Teig. Warm mit Butter und einigen zugelassenen Früchten für Phase 2 und 3 servieren.

Knusper-Pfanne mit Parmesan und Speck (Phase 1)

Portionen: 2

Netto-Kohlenhydrate pro Portion: 5,6 Gramm

Vorbereitung. Dauer: 15 Minuten

Kochzeit: 15 Minuten

Zutaten:

- 1 grüne Zucchini, mittelgroß, julienned
- 1 Esslöffel Speiseöl
- 1 gelbe Zucchini, mittel, julienned
- 2 Esslöffel Parmesankäse, gerieben
- 3 Knoblauchzehen, gehackt
- 4 Scheiben Speck, in Streifen geschnitten
- Geriebene Zitronenschale (ab 1 Zitrone)

Anweisung:

1. Das Speiseöl in eine große Pfanne geben und bei mittlerer Hitze vorheizen.

2. Die Speckstreifen dazugeben, bräunen lassen und in eine Schüssel geben.

3. Den Knoblauch in der gleichen Pfanne zugeben und bei mittlerer Hitze hellbraun braten.

4. Die Zucchinistreifen dazugeben und 1 Minute braten lassen. Den gekochten Speck wieder in die Pfanne geben und gut vermischen.

5. Den Herd ausschalten. Die geriebene Schale und den geriebenen Parmesan dazugeben und gut vermischen.

6. Mit Salz und Pfeffer abschmecken.

Jalapeno, Jack Käse und Soja Quick Bread (Phase 1)

Portionen: 13 (je 2 Scheiben)

Netto-Kohlenhydrate pro Portion: 1,5 Gramm

Vorbereitung. Dauer: 15 Minuten

Kochzeit: 35 Minuten

Zutaten:

- 1 Tasse Vollmilch
- 1 Esslöffel Backpulver
- 1/2 Tasse Sojaproteinpulver
- 1/3 Tasse Pflanzenöl
- 1/4 Tasse vitales Weizengluten
- 2 Esslöffel Butter, geschmolzen
- 3 Eier
- 110 Gramm (113 Gramm) Jalapeno Monterey Jack

Käse, gerieben

Anweisung:

1. Den Ofen auf 355F oder 180C vorheizen.

2. In einer großen Schüssel die Eier mit Milch, Butter und Öl verrühren und gut vermischen. Den geriebenen Käse untermischen.

3. Das Sojapulver, das Backpulver und das Weizengluten einrühren; bis die Mischung glatt ist.

4. Gießen Sie den Teig in eine ausgelegte 8-Zoll-Backform und backen Sie ihn dann 35 Minuten lang oder bis das Brot goldbraun ist oder bis sie einen Spieß hineinstecken und herausziehen können, ohne, dass Teig daran hängen bleibt.

5. Das Brot vor dem Schneiden auf einem Drahtgestell abkühlen lassen.

Soja-Zucchini-Muffins (Phase 2)

Portionen: 12

Netto-Kohlenhydrate pro Portion: 3,3 Gramm

Vorbereitung. Dauer: 15 Minuten

Kochzeit: 25 Minuten

Zutaten:

- 1 1/2 Tassen Sojamehl
- 1 1/2 Teelöffel Backpulver
- 1/2 Cup Club Soda
- 1/2 Tasse Zucchini, gehackt
- 1/3 Tasse granulierter Splenda-Süßstoff
- 3 Eier, großformatig
- 3/4 Tasse schwere Sahne

Anweisung:

1. Den Ofen auf 375F oder 190C vorheizen.

2. In einer großzügigen Rührschüssel die Eier mit Backpulver, Schlagsahne und Zucchini verquirlen.

3. Den Rest der trockenen Zutaten zugeben und gut verrühren.

4. Den Teig in einen Spritzbeutel geben und dann den Teig in eine ausgekleidete 12-Fach-Muffinform zu 2/3 füllen, so dass etwas Platz für die Muffins bleibt.

5. Im Backofen ca. 25 Minuten oder leicht braun backen, bis Sie einen Zahnstocher hineinstecken können, ohne, dass Teig an diesem hängen bleibt.

6. Aus dem Ofen nehmen. Die Muffins auf ein Rost geben und abkühlen lassen.

Mandel-Soja-Zimt Mini-Muffins (Phase 2)

Portionen: 24

Netto-Kohlenhydrate pro Portion: 1,3 Gramm

Vorbereitung. Dauer: 15 Minuten

Kochzeit: 20 Minuten

Zutaten:

- 1/2 Tasse (110 Gramm oder 113 Gramm) ungesalzene Butter, aufgeweicht
- 1/2 Tasse gemahlene Mandeln
- 1/2 Tasse Sojamehl
- 1/2 Teelöffel Backpulver
- 1/2 Teelöffel Vanilleextrakt
- 1/4 Teelöffel Salz
- 2/3 Tasse granulierte Splenda

- 3 Eier

- 3 Teelöffel Zimtpulver

Anweisung:

1. Den Ofen auf 355F oder 180C vorheizen.

2. Mit einem Mixer auf mittlerer Geschwindigkeit die Butter mit der Vanille und dem Süßstoff schaumig schlagen.

3. Nach und nach die Eier dazugeben und gut vermengen.

4. Mit einem Spatel die gemischten trockenen Zutaten langsam unter die nassen Zutaten heben, bis sie gut vermischt sind.

5. Den Teig in einen Spritzbeutel geben und die Mischung in eine ausgekleidete Mini-Muffinpfanne geben, bis sie 3/4 voll ist.

6. Im Backofen ca. 20 Minuten oder bis die Mitte fest ist, backen. Nach dem Backen die Muffins auf ein Gitterrost legen und vollständig abkühlen lassen.

Schnelles Mandel-Zucchini-Brot (Phase 2)

Portionen: 18 Scheiben

Netto-Kohlenhydrate pro Portion: 3,6 Gramm

Vorbereitung. Zeit: 20 Minuten

Kochzeit: 45 Minuten

Zutaten:

Für die feuchten Zutaten:

- 1 Zucchini, mittelgroß
- 1/2 Tasse Pflanzenöl
- 1/2 Teelöffel Vanilleextrakt
- 4 Eier, groß

Für die trockenen Zutaten:

- 1 Tasse gemahlene Mandeln
- 1 Tasse Sojamehl

- 1 1/2 Teelöffel gemahlener Zimt
- 1/2 Teelöffel Backpulver
- 1/2 Teelöffel Natron
- 1/2 Teelöffel gemahlene Muskatnuss
- 1/2 Teelöffel Salz
- 24 Beutel ODER 1 Tasse granulierter Zuckerersatz ODER nach Belieben

Anweisung:

1. Den Ofen auf 350F oder 180 C vorheizen.
2. Die Zucchini grob raspeln.
3. In einer mittelgroßen Rührschüssel die feuchten Zutaten vermengen und gut verrühren.
4. In einer großzügigen Rührschüssel die trockenen Zutaten vermengen und gut verrühren.
5. Fügen Sie die feuchte Mischung zu den trockenen Zutaten hinzu und mischen Sie sie zu einem glatten,

dicken Teig.

6. Den Teig in eine gefettete 5x9-Zoll-Form gießen; glatt streicehn.

7. Im Backofen ca. 45 Minuten backen oder bis die Mitte fest ist (Spießprobe)

8. Beim Backen das Brot in der Pfanne 10 Minuten abkühlen lassen, aus der Pfanne nehmen und auf einem Rost abkühlen lassen.

9. Nach dem Abkühlen das Brot mit einem gezahnten Messer in 18 Portionen schneiden.

Frühstücks-Mandelbrot-Pudding

Portionen: 2

Netto-Kohlenhydrate pro Portion: 5 Gramm

Vorbereitung. Dauer: 15 Minuten

Garzeit: 1 Minute, 20 Sekunden

Zutaten:

- 4 Esslöffel Schlagsahne
- 2 Esslöffel Butter, geschmolzen
- 2 Pakete Splenda
- 60 Gramm gemahlene Mandeln
- 1 Esslöffel Leinsamenmehl
- 1 Ei, groß, leicht geschlagen
- 1 Prise Zimt

Anweisung:

1. In einer kleinen mikrowellengeeigneten Schüssel die

gemahlenen Mandeln, 2 Esslöffel Sahne, 1 Esslöffel Butter, Ei, Leinsamenmehl, 1 Päckchen Splenda und Zimt glatt mischen.

2. Mikrowelle für ca. 1 Minute und 20 Sekunden bei 1100 Watt backen, bis die Mitte aufbläht.

3. Die restliche Butter, Sahne, Splenda und Zimt nach Belieben darauf verteilen.

Frühstück Kokosriegel

Portionen: 8

Netto-Kohlenhydrate pro Portion: 3,7 Gramm

Vorbereitungszeit: 20 Minuten

Kochzeit: 1 Stunde

Zutaten:

- 1 Tasse Mandelmehl
- 1 Tasse fettige Sahne
- 1 Tasse Splenda
- 1 Tasse ungesüßte Kokosnuss
- 1 Tasse Wasser
- 2 Kugeln Vanille-Molkenproteinpulver
- 3 Teelöffel Vanille
- 4 Eier, groß

Anweisung:

1. Alle Zutaten in eine große Schüssel geben und gut verrühren.

2. Den Teig in eine gefettete 13x9-Zoll-Form geben.

3. Wenn gewünscht, bestreuen Sie die Oberseite mit Splenda-gezuckerten Kokosnüssen.

4. Ca. 1 Stunde im vorgeheizten 180°C Ofen goldbraun backen.

Brokkoli-Pilz Quiche

Portionen: 4-6

Netto-Kohlenhydrate pro Portion: 8 Gramm

Vorbereitungszeit: 10 Minuten

Kochzeit: 40 Minuten

Zutaten:

- 5 Eier
- 300 ml Halb-und-Halb Sahne
- 1/2 Tasse Zwiebel, gewürfelt
- 1 Esslöffel Olivenöl
- 1 Tasse frische Pilze, zerkleinert
- 1 Tasse Brokkoliröschen, in kleine Stücke geschnitten
- 1 1/2 Tasse Schweizer Käse, zerkleinert

Anweisung:

1. Die gewürfelten Zwiebeln, Brokkoliröschen und Pilze

in Olivenöl und einem mit Antihaft-Spray gefetteten Glasofen oder einer Kuchenpfanne anbraten - eine 9x9-Zoll-Pyrexpfanne eignet sich gut.

2. Die Eier mit der Sahne, den Eiern und dem Käse verquirlen. Nach Belieben würzen und über das Gemüse gießen. Auf Wunsch können Sie auch gewürfelten Kochschinken hinzufügen.

3. Im vorgeheizten 180°C Ofen ca. 40 Minuten backen.

Kapitel 6: Mittagsrezepte

Asiatisch inspirierter Rindfleischsalat (Phase 1)

Portionen: 5

Netto-Kohlenhydrate pro Portion: 7,6 Gramm

Vorbereitung. Zeit: 20 Minuten, plus Übernachtung marinieren

Kochzeit: 1 Minute

Zutaten:

- 110 Gramm (113 Gramm) geschnittene Wasserkastanien
- 4 Tassen gemischtes Salatgrün
- 340 Gramm Rinderfilet Steak, in dünne Streifen geschnitten.
- 1/4 gelbe Paprika, in kleine Stücke geschnitten
- 1/4 rote Paprika, in dünne Streifen geschnitten

Zum Marinieren:

- 2 Esslöffel Tamari-Sojasauce
- 2 Hengstskalotte, fein gehackt
- 1/8 Teelöffel Ingwerpulver
- 1/4 Teelöffel Currypulver
- 1/2 Teelöffel granulierter Süßstoff
- 1/2 Teelöffel Knoblauch, gehackt
- 1 Teelöffel geröstetes Sesamöl
- 1 Esslöffel Reisweinessig, zuckerfrei

Anweisung:

1. Mit Ausnahme von Ingwer- und Currypulver alle Zutaten für das Dressing und die Marinade in einer Schüssel gut verrühren. Die Hälfte der Zutaten für das Dressing / die Marinade über die Lendenstreifen gießen; gut vermischen, um sie zu überziehen. Über Nacht im Kühlschrank marinieren.

2. Den Ingwer und das Currypulver in das restliche Dressing / die Marinaden geben und gut vermischen. Kühl aufbewahren und als Salatdressing verwenden.

3. 1 Esslöffel Speiseöl in eine großformatige Pfanne geben und erhitzen, bis es sehr heiß ist.

4. Die marinierten Lendenstreifen dazugeben und ca. 1 Minute oder bis zum Garvorgang unter Rühren braten.

5. In einer großen Schüssel das Salatgrün, die Wasserkastanien, die Paprika und das gebratene Rindfleisch mischen. Das Dressing darüber gießen und gut wenden.

Tomatensauce, Zwiebel und Schweinehackfleisch (Phase 1)

Portionen: 3

Netto-Kohlenhydrate pro Portion: 6,2 Gramm

Vorbereitung. Dauer: 15 Minuten

Garzeit: 30 Minuten

Zutaten:

- 1110 Gramm (397 Gramm) Schweinehackfleisch
- 1/4 Tasse grüne Paprika, gehackt
- 1/2 Esslöffel Pflanzenöl
- 1/2 Tasse Zwiebel, gehackt
- 2 Esslöffel Wasser
- 3/4 Tasse zuckerfreies hausgemachtes Ketchup
- Salz und Pfeffer, nach Belieben
- Süßstoff, nach Belieben

Anweisung:

1. Das Pflanzenöl in eine Antihaftpfanne geben und bei mittlerer Hitze vorheizen.

2. Paprika und Zwiebel dazugeben, leicht anbraten und weich werden lassen.

3. Das Schweinefleisch dazugeben, mit Pfeffer und Salz würzen und leicht anbraten.

4. Wasser, Ketchup und Süßstoff hinzufügen, gut vermischen und zum Kochen bringen.

5. Vom Herd nehmen und auf eine Servierplatte geben.

6. Als Beilage zu Spaghetti-Kürbis, Zucchini-Nudeln oder andere Nudeln mit niedrigem Kohlenhydratgehalt servieren.

Kohlenhydratarme Diät-Suppe

Portionen: 12 (1 1/2 Tassen pro Portion)

Netto-Kohlenhydrate pro Portion: 4 Gramm

Vorbereitung. Zeit: 30 Minuten

Kochzeit: 32 Minuten

Zutaten:

- 1/4 Tasse frisches Basilikum, gehackt
- 1 Tasse grüne Bohnen, in 1-Zoll-Stücke geschnitten
- 1 Tasse weiße Champignons, in Scheiben geschnitten
- 1 Esslöffel frischer Knoblauch, gehackt
- 1 Esslöffel Olivenöl
- 1/4 Tasse Zwiebel, gehackt
- 1/4 Tasse sonnengetrocknete Tomaten, gehackt
- 2 Tassen Selleriewurzel, geschält und dann in 1/2-Zoll-Würfel geschnitten.

- 2 Tassen Wasser
- 2 Tassen gelber Kürbis, in Scheiben geschnitten und dann geviertelt.
- 2 Esslöffel Rotweinessig
- 4 Tassen gekochte Hähnchenbrust, gehackt
- 4 Tassen Mangold, gehackt
- 4 Scheiben Speck, geschnitten
- 8 Tassen Hühnerbrühe
- Salz und Pfeffer, nach Belieben

Anweisung:

1. Das Olivenöl in einen großen Suppentopf geben. Den Speck dazugeben und bei mittlerer Hitze 2 Minuten garen.

2. Knoblauch, Zwiebel, Champignons und Tomaten dazugeben und 5 Minuten kochen lassen. Das Wasser und die Hühnerbrühe hineingeben. Die Hühner- und Selleriewurzel hinzufügen und ca. 15 Minuten

köcheln lassen.

3. Die grünen Bohnen, den Kürbis und den Mangold dazugeben und 10 Minuten köcheln lassen.

4. Den Rotweinessig dazugeben und mit Pfeffer und Salz abschmecken.

5. Kurz vor dem Servieren das frische Basilikum unterrühren.

Bruschetta Tomatensalat mit Putenfleisch

Portionen: 1-2

Netto-Kohlenhydrate pro Portion: 4,4 Gramm

Vorbereitung. Zeit: 10 Minuten

Kochzeit: 15 Minuten

Zutaten:

- 1 Tasse gemahlener Truthahn
- 1 Tasse gemischter Salat
- 1 Teelöffel Basilikumpaste ODER ein paar Blätter frisches Basilikum, fein gehackt
- 1 Teelöffel Knoblauch, zerdrückt
- 1 Tomate
- 1-2 Esslöffel Olivenöl
- 4-5 Kalamata-Oliven, gehackt

- Pfeffer

- Salz

Anweisung:

1. Die Tomate in Würfel schneiden und in eine kleine Schüssel geben. Das Olivenöl, die Olive, das Basilikum, den Knoblauch sowie Salz und Pfeffer nach Belieben hinzufügen.

2. In einem Topf den gehackten Truthahn bräunen. Die Tomatenmischung zugeben und vermengen.

3. Auf dem gemischtem Salat servieren.

Hähnchen Taco Salat

Portionen: 4

Netto-Kohlenhydrate pro Portion: 8 Gramm

Vorbereitung. Zeit: 20 Minuten

Kochzeit: 25 Minuten

Zutaten:

Für den Taco-Salat:

- 4 Hühnerbrüste, gekocht und dann zerkleinert
- 1 gelbe Zwiebel, großformatig, gewürfelt
- 1 Kopf Eisbergsalat
- 1 Dose Rotel-Tomaten, mit grünen Chilischoten
- 1 Dose schwarze Oliven
- Cheddar-Käse, zerkleinert
- Chilipulver
- Kreuzkümmel

- Guacamole, optional

- Olivenöl

- Saure Sahne

Für die hausgemachte Salsa:

- 1 große Dose geschälte Tomaten

- 1 mittelgroße Zwiebel

- 1 kleinteiliger Bund Koriander

- Knoblauchsalz

Anweisung:

1. 2 EL Olivenöl in eine große Pfanne geben und bei mittlerer bis starker Hitze erhitzen. 1/4 der Zwiebel zugeben und anbraten, bis sie weich sind. Hähnchen, Chilipulver, Kreuzkümmel, Rotel-Tomaten dazugeben und unter gelegentlichem Rühren ca. 20 Minuten köcheln lassen.

2. In der Zwischenzeit den Salat zerkleinern und in Schalen legen.

3. Wenn die Hühnermischung gar ist, legen Sie den Salat darauf und häufen Sie ihn darauf. Mit Käse, Oliven, restlichen Zwiebeln und Sauerrahm bedecken.

4. Alle Salsa-Zutaten in einen Mixer geben und zu einer glatten Mischung verarbeiten. Als Dressing in den Salat geben. Guten Appetit!

Bacon Hühnerfleisch Club Salat

Portionen: 4-6

Netto-Kohlenhydrate pro Portion: 5 Gramm

Vorbereitung. Dauer: 15 Minuten

Garzeit: 30 Minuten

Zutaten:

- 6 Scheiben Speck
- 4 Hühnerbrüste, ohne Knochen, ohne Haut
- 2 Tassen Cheddarkäse, zerkleinert
- 1 Tasse Mayonnaise
- Salatblätter

Anweisung:

1. Den Speck knusprig anbraten und dann zerbröckeln.
2. Das Hähnchen in Würfel schneiden und gut garen.
3. Das Huhn und den Speck in eine 8-Zoll-Kuchenform

geben. Cheddarkäse und Mayonnaise dazugeben, vermengen.

4. Im Ofen ca. 15 Minuten backen.

5. Auf einem Salatbett servieren. Auf Wunsch mit schwarzen Oliven bestreuen.

Thunfisch-Burger

Portionen: 4

Netto-Kohlenhydrate pro Portion: 3,5 Gramm

Vorbereitung. Zeit: 10 Minuten

Garzeit: 10-15 Minuten

Zutaten:

- 1 Dose (210 Gramm) Thunfisch, abgetropft
- 1 Teelöffel Zitronensaft
- 1/2 Tasse Sellerie, gewürfelt
- 1/2 Tasse Weizenkleie
- 1/3 Tasse Mayonnaise
- 2 Esslöffel kohlenhydratarmer Ketchup
- 2 Esslöffel Zwiebel, gehackt

Anweisung:

1. In einer Schüssel alle Zutaten vermengen. Die

Mischung in 4 Portionen teilen und zu Buletten formen.

2. Eine antihaftbeschichtete Pfanne einfetten.

3. Die Buletten anbraten, bis beide Seiten gebräunt sind.

Artischocken-Krabben-Käse Windbeutel

Portionen: 1

Netto-Kohlenhydrate pro Portion: 4 Gramm

Vorbereitung. Zeit: 5 Minuten

Garzeit: 20-25 Minuten

Zutaten:

- 1/2 Tasse Sargento Pizza Doppelkäse (Cheddar oder Mozzarella);
- 1/2 Tasse Parmesankäse, gerieben
- 1/2 Tasse Mayonnaise
- 1/2 Tasse Artischockenherzen, gehackt (konserviert verwenden - NICHT mariniert);
- 1/2 Dose (170 Gramm) Stückchen, Weißes Krabbenfleisch, abgetropft und trocken getupft
- 1 Teelöffel Knoblauchpulver

Anweisung:

1. Eine kleine Backform einfetten. Alle Zutaten zugeben und gut umrühren.

2. Im vorgeheizten 180°C Ofen ca. 20-25 Minuten backen.

Shrimp-Avocado Traum

Portionen: 1-2

Netto-Kohlenhydrate pro Portion: 10,1 Gramm

Vorbereitung. Dauer: 15 Minuten

Garzeit: 9-13 Minuten

Zutaten:

- 85 Gramm Garnelen, geschält, gekocht

- 1 Avocado, mittelgroß, in kleine, mundgerechte Würfel geschnitten

- 1 1/2 -2 Esslöffel ODER 3-4 Knoblauchzehen, schon im Ofen geröstet.

- Etwa 1/2 Tasse Pilze

- Butter

- Knoblauch

- Zitronensaft, nach Belieben (ca. 1/2 frisch)

- Salz und Pfeffer, nach Belieben

Anweisung:

1. Butter in einer Antihaftpfanne schmelzen. Knoblauch und Champignons dazugeben und ca. 3 bis 5 Minuten anbraten. Die Garnelen dazugeben und anbraten, bis sie erwärmt sind, ca. 3 Minuten.

2. Die Avocado hinzufügen, umrühren und ca. 3-5 Minuten garen, bis die Textur nicht mehr matschig ist.

3. Den Zitronensaft darüber ausdrücken und mit Pfeffer und Salz abschmecken. Umrühren und braten, bis es warm ist. Guten Appetit!

Speckumhüllte Jakobsmuscheln

Portionen: 4

Netto-Kohlenhydrate pro Portion: 3,9 Gramm

Vorbereitungszeit:

Zeit zum Kochen:

Zutaten:

- 1/2-3/4 Pfund Speck

- 1 Pfund Meeresmuscheln - keine Lorbeermuscheln verwenden, da sie zu klein sind.

Anweisung:

1. Den Ofen auf 230°C vorheizen.

2. Die Jakobsmuscheln in kaltem Wasser abspülen.

3. Den Speck in 3 Teile schneiden. Wickeln Sie jedes Stück Jakobsmuschel mit einer Scheibe Speck ein und befestigen Sie den Speck mit einem Zahnstocher.

4. Auf ein Backblech legen und im Ofen backen, bis der

Speck knusprig und gebräunt ist.

Leckerer Garnelen-Salat

Portionen: 3

Kohlenhydrate pro Portion: 4,5 Gramm

Vorbereitung. Zeit: 13-15 Minuten

Kochzeit: 5-7 Minuten

Zutaten:

- 1 Pfund Garnelen
- 1 kleiner Kopfsalat
- 1/2 mittelgroße Gurke, in mundgerechte Stücke geschnitten
- 1 Tasse grüne Paprika, in mundgerechte Stücke geschnitten
- 1/4 Tasse Schmackhaftes italienisches Kraft-Salatdressing

Anweisung:

1. Wasser zum Kochen bringen. Die Garnelen in

kochendem Wasser einweichen und 5-7 Minuten garen. Nach 5-7 Minuten die Garnelen aus dem Topf nehmen und abkühlen lassen. Abkühlen lassen und schälen. Mit dem Salatdressing vermischen.

2. Die restlichen Zutaten zugeben.

3. Wenn Sie es zur Arbeit mitnehmen, halten Sie das Grün von den Garnelen getrennt, bis Sie es zum Essen miteinander vermischen.

Käsekugel in Schinkenrollen

Portionen: Viele

Kohlenhydrate pro Portion: < 1 Gramm, wenn Schinken ohne Kohlenhydrate verwendet wird.

Vorbereitungszeit: 10 Minuten

Kochzeit: 0 Minuten

Zutaten:

- Sandwich-Schinken in Scheiben geschnitten (auf Kohlenhydratzahl prüfen)

Für den Käseaufstrich:

- 230 Gramm Frischkäse, weich
- 2-3 grüne Zwiebeln, gehackt
- 1/2 Teelöffel Knoblauchsalz
- 1 Teelöffel Worcestershire-Sauce
- 1 Packung dünn geschnittenes Rinderrauchfleisch (in den billigen kleinen Beuteln)

Anweisung:

1. Alle Zutaten der Käsekugel gut vermischen.

2. Eine Käsekugelmischung in einem Stück Schinken verteilen und würfeln. Den Vorgang wiederholen und servieren!

Notizen: Sie können eine Käsemischung im Kühlschrank aufbewahren und bei Bedarf mit mehr Schinken rollen. Dieses Gericht eignet sich für ein schnelles Mittagessen oder einen Snack.

Kapitel 7: Snacks, Desserts und Vorspeisen

Zimt, Kokosmilch und Eiercreme (Phase 1)

Portionen: 6

Netto-Kohlenhydrate pro Portion: 4,3 Gramm

Vorbereitung. Zeit: 20 Minuten

Kochzeit: 35 Minuten

Zutaten:

- 2 Eier, bei Raumtemperatur
- 2 Eigelb, bei Raumtemperatur
- 2 Tassen ungesüßte Kokosmilch, bei Raumtemperatur
- 1/4 Teelöffel Salz
- 1/4 Teelöffel gemahlener Zimt

- 1/3 Tasse granulierter Süßstoff

Zubehör:

- 6 Stück (210 ml) Auflaufförmchen, leicht gefettet

Anweisung:

1. Füllen Sie ein Backblech mit Wasser.
2. Den Ofen auf 300F oder 150C vorheizen.
3. In einer großen Schüssel die Eier und das Eigelb verquirlen, den Süßstoff unterrühren.
4. Salz und Zimt in die Kokosmilch geben und gut vermischen.
5. Die Kokosmilch in die Eimasse geben, gut vermischen und dann in ein Glas oder eine Messbecher sieben.
6. Die Mischung in vorbereitete, gefettete Auflaufförmchen bis zu 2/3 voll gießen; mit Alufolie abdecken.
7. Im vorgeheizten Ofen mit Wasserbad ca. 35 Minuten

garen.

8. Die Hitze ausschalten und den Pudding noch 10 Minuten im Ofen stehen lassen.

9. Warm oder gekühlt servieren.

Speckumhüllte Wasserkastanie a.k.a. Rumaki (Phase 1)

Portionen: 24

Netto-Kohlenhydrate pro Portion: 1,3 Gramm

Vorbereitung. Zeit: 20 Minuten, plus 30 Minuten Marinieren

Kochzeit: 20 Minuten

Zutaten:

- 8 Scheiben Speck (quer in Drittel schneiden)
- 12 Wasserkastanien (ca. 113 Gramm oder 110 Gramm), horizontal halbiert
- 1/4 Tasse Sojasauce
- 1/2 Teelöffel Melasse Zucker
- 1/2 Teelöffel Currypulver
- 1 Esslöffel granulierter Süßstoff
- 1 Esslöffel Ingwer, fein gerieben

Zubehör:

- Zahnstocher (1 Stunde lang in Wasser vorgetränkt)

Anweisung:

1. In einer Schüssel Melasse, Currypulver, Ingwer, Sojasauce und Süßstoff mischen.

2. Fügen Sie die Wasserkastanien hinzu, sodass sie gut umhüllt werden. Zur Seite stellen und ca. 30 Minuten marinieren lassen.

3. Den Ofen auf 450F oder 230C vorheizen.

4. Die marinierten Wasserkastanien abtropfen lassen und die Marinade entsorgen.

5. Um jede Wasserkastanie 1 Stück Speck rollen, mit einem Zahnstocher sichern und auf einer Grillschale anrichten.

6. Im vorgeheizten Backofen ca. 10 Minuten backen, wenden und dann weitere 10 Minuten backen oder bis der Speck knusprig ist.

Gebackene Buffalo-Wings mit Blauschimmelkäse-Dip (Phase 1)

Portionen: 6 (1 Hühnerflügel mit 2 Esslöffeln Dip)

Netto-Kohlenhydrate pro Portion: 1,6 Gramm

Vorbereitung. Zeit: 20 Minuten

Garzeit: 30 Minuten

Zutaten:

- 6 Hühnerflügel (ca. 1 1/2 Pfund oder 680 Gramm), halbiert und Spitzen entfernt.

Für die Marinade:

- 1 Ei, leicht geschlagen
- 1 Knoblauchzehe, gehackt
- 1/2 Teelöffel Cayennepfeffer oder nach Belieben
- 1/2 Teelöffel gemahlener Pfeffer
- 3/4 Tasse Apfel-Apfelessig

- 3/4 Teelöffel Salz

- 6 Esslöffel Speiseöl

Für den Blauschimmelkäse-Dip:

- 2 1/2 Esslöffel Blauschimmelkäse, zerbröckelt

- 1/4 Tasse saure Sahne

- 1/2 Teelöffel Knoblauch, gehackt

- 1/2 Esslöffel Zitronensaft

- 1/2 Tasse Mayonnaise

- 1 1/2 Esslöffel Schalotte, gehackt

Anweisung:

1. In einer Plastiktüte oder einer großen Schüssel alle Zutaten der Marinade vermengen.

2. Die Hähnchenflügel dazugeben und gut zugedeckt wenden. Zur Seite stellen und 20 Minuten marinieren lassen.

3. Den Ofen auf 450F oder 230C vorheizen.

4. Die marinierten Flügel in einer Backform anordnen. Im vorgeheizten Backofen ca. 30 Minuten oder bis zum Garvorgang backen und zwischendurch 2 mal mit der Marinade übergießen.

5. In der Zwischenzeit alle Zutaten des Blauschimmelkäse-Dip in einer Schüssel vermengen.

6. Die BuffaloWings mit dem Dip servieren.

Yorkshire Pudding (Phase 2)

Portionen: 9

Netto-Kohlenhydrate pro Portion: 3,8 Gramm

Vorbereitung. Zeit: 20 Minuten

Garzeit: 30 Minuten

Zutaten:

- 4 1/2 Esslöffel Rind- oder Schweinefleisch tropfend, aufgeteilt in 9 Stück
- 3 Eier, groß
- 2 Unzen (57 Gramm) Vital Weizengluten
- 1/2 Teelöffel Salz
- 1/2 Tasse Sojamehl
- 1 Teelöffel double-action Backpulver
- 1 Tasse Vollmilch

Anweisung:

1. Das Fleisch in 9 Löcher einer 12-Tassen-Muffinform mit je etwa 1/2 Esslöffel verteilen.

2. Erwärmen Sie den Ofen auf 480F oder 250C oder die höchste Temperatur Ihres Ofens oder bis das Fleisch glühend heiß ist.

3. Die Eier schaumig schlagen. Salz und Milch dazugeben, verrühren und zusammenschlagen.

4. Sojamehl, Backpulver und lebenswichtiges Weizengluten einrühren und verrühren, bis der Teig glatt ist.

5. Den Teig wieder schaumig schlagen, bis es keine Klumpen mehr gibt, und etwas flüssig ist. Bei Bedarf ein paar Esslöffel Wasser hinzufügen, wenn es zu dick ist. Kippen Sie den Teig in eine Kanne.

6. Entfernen Sie das vorgewärmten Fleisch aus dem Ofen. Den Ofen weiter auf 375F oder 190C vorheizen.

7. Den Teig mit dem heißen Fleisch schnell gleichmäßig auf die Muffinlöcher verteilen.

8. Im Ofen ca. 30 Minuten backen oder bis die Puddings leicht gebräunt sind - den Ofen erst nach dem Backen öffnen. Servieren Sie den Pudding heiß.

Japanische Grüntee Meringue Cookies (Phase 1)

Portionen: 4

Netto-Kohlenhydrate pro Portion: 3,3 Gramm

Vorbereitung. Dauer: 15 Minuten

Kochzeit: 1 Stunde, 10 Minuten

Zutaten:

- 3 Eiweiß, verwenden Sie 3-4 Tage alte Eier, bei Raumtemperatur
- 1/4 Teelöffel Weinsteinbackpulver
- 1/2 Tasse granulierter Süßstoff ODER 12 Beutel
- 1 Teelöffel Grünteepulver

Anweisung:

1. Den Ofen auf 250F oder 120C vorheizen.
2. Das Eiweiß schaumig schlagen. Das Weinsteinbackpulver hinzufügen und mit hoher

Geschwindigkeit schlagen, bis sich weiche Spitzen bilden.

3. Nach und nach Süßstoff und Löffel unter ständigem Rühren hinzufügen. Mit hoher Geschwindigkeit weiter schlagen, bis es sehr steif ist.

4. Nach und nach das Grünteepulver hinzufügen und vermengen.

5. Löffeln Sie die Grünteemeringue in einen Spritzbeutel mit Ihrem Lieblingsaufsatz. Spritzen Sie es auf ein Silikonblech ODER ein mit Keksblech mit Backpapier.

6. Im Backofen ca. 1 Stunde und 10 Minuten backen.

7. Die Kekse im geschlossenen Ofen 1 Stunde abkühlen lassen.

8. Vorsichtig in luftdichte Behälter geben. Kühl aufbewahren.

Schweinerinde Nachos

Portionen: 8

Netto-Kohlenhydrate pro Portion: 3 Gramm

Vorbereitung. Zeit: 5 Minuten

Kochzeit: 4 Minuten

Zutaten:

- 1 Beutel Schweineschwarten
- 1 Tasse Cheddarkäse, zerkleinert
- 1 Tasse Mozzarella-Käse, zerkleinert
- 1 Esslöffel Jalapeno-Paprika
- 1/2 Pfund Hackfleisch, gebräunt
- 2 Esslöffel Sauerrahm

Anweisung:

1. Den Ofen auf 180°C vorheizen. Ein Backblech mit Backpapier auskleiden. Mit Antihaft-Kochspray einfetten. Die Chips auf dem vorbereiteten Belch

verteilen, mit Käse und Hackfleisch bestreuen und in den Ofen stellen; ca. 4 Minuten backen oder bis der Käse nach Belieben geschmolzen ist.

2. Mit Jalapeno-Paprika, saurer Sahne und den von Ihnen gewählten Toppings wie Guacamole und Zwiebeln garnieren.

Faux Mac N' Cheese (IF)

Portionen: 4

Netto-Kohlenhydrate pro Portion: 6,2 Gramm

Vorbereitung. Dauer: 15 Minuten

Kochzeit: 15 Minuten

Zutaten:

- 6 Scheiben Speck, gekocht
- 110 Gramm scharfer Cheddar-Käse
- 110 Gramm Frischkäse
- 110 Gramm Colby Jack Käse
- 2 Esslöffel Schlagsahne
- 450 Gramm Blumenkohl
- 1/4 Tasse grüne Zwiebel
- 1/2 Teelöffel schwarzer Pfeffer
- 1 Teelöffel Knoblauch, gehackt

- 1 Teelöffel Hühnerbrühe

Anweisung:

1. Den Blumenkohl in eine mikrowellengeeignete Glasschale geben. In der Mikrowelle garen, bis er weich ist.

2. In einem mittelgroßen Topf den Cheddarkäse, Frischkäse, Sahne, Colby Jack und gehackten Knoblauch hinzufügen und unter ständigem Rühren erhitzen.

3. Den gekochten Blumenkohl in eine Küchenmaschine geben, bis er in kleine Stücke geschnitten ist.

4. Speck, Blumenkohl, Hühnerbrühe, grüne Zwiebel und schwarzen Pfeffer in die Käsesauce geben. Rühren, bis alles vermischt ist. Warm servieren.

Kohlenhydratarme Pizza

Portionen: 16

Netto-Kohlenhydrate pro Portion:

Vorbereitung. Zeit: 5 Minuten

Garzeit: 30 Minuten

Zutaten:

- 3 Eier
- 3 Tassen Mozzarella-Käse, zerkleinert
- 1 Teelöffel Knoblauchpulver
- 1 Teelöffel Basilikum, getrocknet
- Pizzabeläge nach Wahl

Anweisung:

1. Den Ofen auf 450F vorheizen.
2. In einer Schüssel den Käse, die Eier, das Basilikum und den Knoblauch vermengen.

3. Den Teig auf ein mit Fett oder Pergamentpapier ausgekleidete Pizzablech oder Backblech drücken.

4. Bei 230°C ca. 10-15 Minuten oder goldbraun backen.

5. Beim Backen die Kruste ca. 15 Minuten abkühlen lassen, damit sie fest wird. Die Kruste umdrehen und die Pizza mit 1/4 Tasse Low-Carb-Marinara-Sauce, 1 Tasse Mozzarella-Käse, gebräunter und zerbröckelter italienischer Wurst, geschnittenen schwarzen Oliven und Zwiebeln garnieren.

6. In den Ofen zurückstellen und backen, bis der Käse geschmolzen ist und die Ränder gebräunt sind.

Käse, Avocado und aromatisierter Thunfisch

Portionen: 2

Netto-Kohlenhydrate pro Portion: 6,8 Gramm

Vorbereitung. Zeit: 5 Minuten

Kochzeit: 0 Minuten

Zutaten:

- 1 Avocado
- 1 Gurke
- 1 kleine Dose mit Thunfischaroma
- Blockkäse (nach Wahl)

Anweisung:

1. Die Gurke in Scheiben schneiden, bis sie eine angemessene Dicke hat.
2. Eine Scheibe Käse auf die Gurke legen. Etwas Avocado hinzufügen und mit etwas gewürztem

Thunfisch verfeinern. Guten Appetit!

Mit Käse und Speck gefüllte Champignons

Portionen: 15-20

Netto-Kohlenhydrate pro Portion: 1,1 Gramm

Vorbereitungszeit: 20 Minuten

Garzeit: 10-15 Minuten

Zutaten:

- 230 Gramm Frischkäse, weich
- 5-6 Scheiben Speck, knusprig gebraten
- 15-20 Pilze, groß
- 1 Zwiebel, klein gehackt

Anweisung:

1. Den Ofen auf 180°C vorheizen.
2. Die Stiele von den Pilzen entfernen und dabei etwa 4-5 Stück des Stiels zurückbehalten. Reinigen Sie die Pilzdeckel und legen Sie sie beiseite.

3. Die Pilzstiele und die Zwiebel zerkleinern.

4. Den Speck knusprig braten; das Speck-Fett aufbewahren.

5. In der gleichen Pfanne, in der Sie den Speck gebraten haben, die Zwiebel und die Pilzstiele hinzufügen. Garen, bis sie weich sind. Das überschüssige Fett aus der Pilz-Zwiebel-Mischung ablassen und in die Schüssel mit weichem Frischkäse geben. Den gekochten Speck zerbröckeln und in den Frischkäse geben. Mischen, bis alles gut vermischt ist.

6. Die Frischkäse-Mischung teilen und in die Pilzkappen schöpfen.

7. Den cremefüllten Pilzdeckel auf ein Backblech legen und im Ofen ca. 10-15 Minuten backen, dann braten, bis die Spitzen gebräunt sind. Guten Appetit!

Notiz: Sie können die Pilze gut vorbereiten. Wenn Sie servierfertig sind, erwärmen Sie sie einfach im Ofen.

Kapitel 8: Rezepte für das Abendessen

Feta, gemischtes Gemüse und Rindfleischplätzchen (Phase 1)

Portionen: 4

Netto-Kohlenhydrate pro Portion: 1,3 Gramm

Vorbereitungszeit:

Zeit zum Kochen:

Zutaten:

- 1 Pfund (450 Gramm) Hackfleisch
- 1/4 Tasse Feta, zerbröckelt
- 1/2 Tomate, mittelgroß, gehackt
- 2 Esslöffel grüne Zwiebel, gehackt
- 1/2 Tasse Babyspinat, gehackt
- 1/2 Esslöffel frischer Dill

- Salz und Pfeffer, nach Belieben

Anweisung:

1. Alle Zutaten in eine Rührschüssel geben und gut vermischen.

2. Die Fleischmischung in 4 Portionen teilen und dann jeden Teil zu Buletten formen.

3. Eine Antihaftpfanne bei mittlerer bis starker Hitze vorheizen.

4. Die Pasteten einige Minuten pro Seite braten, bis beide Seiten goldbraun sind. Servieren!

Gegrillter Lachs und gemischter Grünsalat mit italienischem Dressing (Phase 1)

Portionen: 2

Netto-Kohlenhydrate pro Portion: 6,9 Gramm

Vorbereitung. Zeit: 10-15 Minuten

Garzeit: 10-15 Minuten

Zutaten:

- 4 Tassen gemischtes Grün
- 2 Lachsfilets (je 5 Unzen oder 140 Gramm)
- 1 1/3 Tasse Tomate, gehackt
- Salz und Pfeffer, nach Belieben

Für italienisches Dressing:

- 1 Esslöffel Parmesan, gerieben
- 1 Esslöffel Weißweinessig

- 1/2 Esslöffel Petersilie, gehackt
- 1/2 Teelöffel getrocknete italienische Gewürze
- 1/2 Teelöffel Knoblauch, gehackt
- 1/2 Teelöffel Splenda Süßstoff
- 2 Esslöffel Mayonnaise
- Gemahlener Cayennepfeffer, nach Belieben
- Salz und gemahlener schwarzer Pfeffer, nach Belieben

Anweisung:

1. In einer Salatschüssel alle italienischen Dressingzutaten vermengen und gut verrühren. Etwa 5 Minuten beiseite legen, damit die Aromen durchdringen können.
2. Den Grill hoch erhitzen
3. Die Lachsfilets leicht mit Pfeffer und Salz würzen.
4. Wenn der Grill heiß ist, reduzieren Sie die Hitze auf

mittlere Stufe. Den Fisch auf das Rost legen und jede Seite für ein paar Minuten oder bis zum Garvorgang garen.

5. Die Tomate und das gemischte Gemüse mit dem Dressing in die Schüssel geben und gut vermischen, bis es umhüllt ist.

6. Den gemischten Grünsalat mit den gegrillten Lachsfilets servieren.

Gebackener Lachs mit gerösteter Pfeffersalsa und Bok Choy (Phase 1)

Portionen: 1

Netto-Kohlenhydrate pro Portion: 3,9 Gramm

Vorbereitungszeit: 20 Minuten

Kochzeit: 10 Minuten

Zutaten:

- 7 1/2 Unzen (212 Gramm) Lachsfilet
- 6 Unzen (170 Gramm) Bok Choi ODER Ihr bevorzugtes grünes Blattgemüse.
- 1/2 Esslöffel Olivenöl
- 1/2 Esslöffel Butter, geschmolzen
- Geriebene Zitronenschale (von 1 Zitrone)
- Salz und Pfeffer, nach Belieben

Für die Sauce:

- 2 Esslöffel hausgemachte Tomaten-Salsa
- 2 Esslöffel geröstete rote Paprika

Anweisung:

1. Den Ofen auf 480F oder 250C vorheizen.
2. Beide Seiten des Lachses mit Pfeffer und Salz würzen.
3. In einer Auflaufform die Butter und das Olivenöl vermengen. Den gewürzten Lachs dazugeben und gut mit der Buttermasse bestreichen.
4. Den Fisch im Ofen ca. 5 Minuten backen, umdrehen und 5 Minuten weiterbacken oder bis die Lachsfilets gerade gar sind.
5. Den gekochten Fisch auf einen Teller geben und mit Folie umhüllen, um ihn warm zu halten.
6. In derselben Auflaufform den Bok Choi oder das bevorzugte Gemüse und die Zitronenschale hinzufügen. Mit Öl bestreichen und das Gemüse im Ofen erwärmen.

7. Alle Zutaten der Sauce in einen Mixer geben und gut vermischen.

8. Das gekochte Gemüse mit dem Lachs und der Salsa-Sauce servieren.

Knoblauch-Zitrone Huhn

Portionen: 3-4

Netto-Kohlenhydrate pro Portion: 0,6 Gramm

Vorbereitung. Zeit: 10 Minuten

Garzeit: 4 Stunden auf höher Stufe oder für 8 Stunden auf niedriger Stufe

Zutaten:

- 3-4 Hühnerbrust, groß, halbiert
- 3/4 Tasse Hühnerbrühe
- 1/4 Teelöffel Salz, pro Hühnerbrust
- 1/4 Teelöffel Pfeffer, pro Hühnerbrust
- 1/2-1 Teelöffel Oregano, pro Hühnerbrust
- 1 Teelöffel Knoblauch, gehackt
- 1 Zitrone
- 3-4 Esslöffel Butter

Anweisung:

1. Nehmen Sie einen wiederverschließbaren Plastikbeutel, wie einen Ziploc-Beutel, und legen Sie das Huhn mit der "Shake-and-bake"-Methode in den Beutel. Fügen Sie Oregano, Pfeffer und Salz hinzu - um das beste Ergebnis zu erzielen, legen Sie 2 Hühnerbrüste in den Beutel und fügen Sie dann entsprechenden Oregano, Pfeffer und Salz hinzu. Den Vorgang mit dem restlichen Huhn und den Gewürzen wiederholen.

2. Geben Sie 1 Esslöffel Butter pro Huhn in eine Antihaftpfanne. Legen Sie das Huhn und kochen Sie es, bis beide Seiten gebräunt sind, und legen Sie es dann in einen Slow-Cooker.

3. Wenn das ganze Huhn im Slow-Cooker gebräunt ist, die Hühnerbrühe, den Zitronensaft und den Knoblauch in die Pfanne geben. Gebräunte Stücke von der Pfanne abkratzen und zum Kochen bringen. Beim Kochen die Hitze abstellen und die Masse in den Slow-Cooker gießen.

4. 4 Stunden lang auf hoher Stufe oder 8 Stunden auf niedriger Stufe garen. Mit Blumenkohl servieren.

Hackbraten

Portionen: 7

Netto-Kohlenhydrate pro Portion: 6,3 Gramm

Vorbereitung. Dauer: 15 Minuten

Garzeit: 30-35 Minuten oder 45-60 Minuten

Zutaten:

Für den Hackbraten:

- 2 Pfund Hackfleisch
- 2 Eier
- 2 Knoblauchzehen, gehackt
- 1/3 Tassen Ketchup, niedriger Kohlenhydratgehalt
- 1/2 Teelöffel Pfeffer, oder nach Belieben
- 1 Teelöffel Salz oder nach Belieben
- 1 Teelöffel getrockneter Koriander ODER 2 Esslöffel frischer Koriander

- 1 Esslöffel Worcestershire-Sauce
- 1 Esslöffel Chilipulver
- 110 Gramm Cheddar-Käse, gerieben

Für den Belag:

- 1 1/2 Teelöffel Splenda granular ODER gleichwertige Flüssigkeit Splenda
- 1/4 Tassen Ketchup, niedriger Kohlenhydratgehalt
- 1/4 Teelöffel Schwarzband Melasse

Anweisung:

1. In einer großen Schüssel alle Hackbratenzutaten vermengen, bis sie vollständig vermischt sind.
2. In einer kleinen Schüssel alle Zutaten mischen.
3. Die Fleischmischung in eine gefettete Laibform oder in 6 Minibrotformen geben.
4. Die Oberseite mit dem Belag bestreichen.
5. Auf 190°C für ca. 45-60 Minuten für einen einzelnen

großen Laib oder ca. 30-35 Minuten für Mini-Brote backen oder bis die Innentemperatur 60°C erreicht.

Blumenkohl KrustenPizza

Portionen: 4

Netto-Kohlenhydrate pro Portion: 10 Gramm

Vorbereitung. Zeit: 30 Minuten

Garzeit: 30 Minuten

Zutaten:

- 1 Tasse Hühnerbrust ODER Schenkel, gegart und in Stücken
- 1 Tasse Kürbis, gewürfelt
- 1 Ei
- 1 Prise Chiliflocken, optional
- 1 Prise Pfeffer
- 1 Prise Salz
- 1 Schalotte, gehackt
- 1/4 Tasse Paprika, gehackt

- 1/4 Tasse Mozzarella, gerieben
- 1/4 Tasse Zwiebel, gehackt
- 1/4 Tasse Tomate, gehackt, zum Auffüllen
- 1/4 Tasse Tomate, fein gehackt, für Salsa
- 400 g Blumenkohlröschen
- 50 g Parmesan, fein gerieben

Anweisung:

1. Erwärmen Sie einen herkömmlichen Ofen auf 230°C oder einen Umluftofen auf 210°C.

2. Den Blumenkohl in eine Küchenmaschine geben, bis er fein verarbeitet ist. In eine mikrowellengeeignete Schüssel geben, abdecken und für zehn Minuten auf hoher Stufe in die Mikrowelle stellen oder bis er sehr zart ist.

3. Durch ein feinmaschiges Sieb abtropfen lassen und mit einem Holzlöffel gut nach unten drücken, um überschüssige Flüssigkeit herauszudrücken.

4. Das Ei in einer Schüssel leicht verrühren. Den Blumenkohl und 1/2 des Parmesans dazugeben und vermischen.

5. Ein 30 cm langes, rundes Pizzablech mit Backpapier auslegen. Die Blumenkohlmischung gleichmäßig auf dem Teller verteilen und fest andrücken. Im Backofen ca. 20 Minuten oder goldbraun backen.

6. In der Zwischenzeit die Kürbiswürfel in einen mikrowellengeeigneten Behälter geben; Mikrowelle für ca. 5 bis 7 Minuten auf Hoch einstellen, bis sie weich sind. Wenn sie gekocht und matschig sind, in einer Küchenmaschine zerkleinern. Wenn der Kürbis zerdrückt ist, die fein gehackte Tomate, Salz, Pfeffer und, falls gewünscht, Chiliflocken hinzufügen.

7. Wenn die Blumenkohlkruste gebacken ist, aus dem Ofen nehmen. Die Kürbismischung gleichmäßig auf der Kruste verteilen. Mit Mozzarella-Käse, Hühnerfleisch, Schalotten, Zwiebeln, Paprika und restlichen Tomaten bestreuen. Mit der Oberseite mit dem restlichen Parmesankäse bestreuen.

8. In den Ofen zurückstellen und ca. 7 Minuten backen oder bis der Käse geschmolzen ist.

Truthahn und Garnelen Feta Alfredo

Portionen: 3

Netto-Kohlenhydrate pro Portion: 6,1 Gramm

Vorbereitung. Zeit: 30 Minuten

Garzeit: 30 Minuten

Zutaten:

- 230 Gramm frische Garnelen
- 4 Esslöffel fettige Schlagsahne
- 4 Esslöffel Fetakäse
- 110 Gramm Truthahn oder Schweinefleisch oder Huhn
- 2 Teelöffel Pfeffer
- 2 Esslöffel Butter
- 1 Teelöffel Paprika
- 1 Teelöffel granulierter Knoblauch

- 1 Esslöffel Petersilie

- 1 Tasse Vanille-Soja Slender

- 1 Tasse Spaghetti-Kürbis, gekocht

- 1 Tasse frische Champignons

- 1 Tasse frischer Brokkoli, gehackt

Anweisung:

Für den Spaghetti-Kürbis:

1. Die Spaghetti-Kürbisse halbieren.

2. Entfernen Sie die Schnüre und Kerne aus der Mitte des Kürbisses. Eine Papierserviette auf die Oberseite des Kürbisses und der Mikrowelle legen, 15 Minuten lang oder bis sie gar ist. Nach 15 Minuten überprüfen - Sie sollten in der Lage sein, den Spaghetti-Kürbis mit einer Gabel auszukratzen und in Stränge zu schneiden.

3. Den Spaghetti-Kürbis aus der Mikrowelle nehmen. Messen Sie 1 Tasse Spaghetti-Kürbis ab und stellen

Sie ihn beiseite. Den überschüssigen Spaghetti-Kürbis kühl stellen.

Für die Feta-Alfredo-Sauce:

1. Sojamilch und Schlagsahne in eine Pfanne geben und aufkochen lassen.

2. Den Feta dazugeben und mit einem Schneebesen verrühren. Die Creme sollte etwas dicker werden. Schalten Sie den Ofen aus und stellen Sie es beiseite.

Für den Rest der Zutaten:

1. Während der Spaghetti-Kürbis kocht.

2. 2 Esslöffel Butter in eine Pfanne geben. Champignons und Brokkoli dazugeben, abdecken und ca. 5 bis 10 Minuten garen.

3. Die gekochte Pute und die Garnelen dazugeben und 5 Minuten kochen lassen.

4. Die gesamte Würze und den Spaghetti-Kürbis hinzufügen. Gut mischen.

5. Die Fetasauce über das Fleisch und das Gemüse gießen und gut vermischen.

6. Ca. 2-5 Minuten köcheln lassen.

Knoblauch und Zitronenbutter Fisch

Portionen: 4

Netto-Kohlenhydrate pro Portion: 16 Gramm

Vorbereitung. Dauer: 15 Minuten

Garzeit: 12 Minuten

Zutaten:

- 4 weiße Fischfilets nach Wahl (Kabeljau, Heilbutt, etc.)
- 4 Knoblauchzehen, gehackt
- 2 Esslöffel frische Petersilie, gehackt
- 1/4 Tasse Ghee, geschmolzen
- 1 Zitrone, geschält und entsaftet
- 1 Zitrone, in Scheiben geschnitten
- Meersalz und frisch gemahlener schwarzer Pfeffer

Anweisung:

1. Den Ofen auf 220°C vorheizen.

2. In einer Schüssel Ghee, Zitronenschale, Knoblauch, Petersilie und Zitronensaft vermischen, mit Pfeffer und Salz abschmecken.

3. Den Fisch in eine gefettete Auflaufform geben. Den Fisch nach Belieben würzen.

4. Die Ghee-Mischung über den Fisch gießen und den Fisch mit frischen Zitronenscheiben belegen; im Ofen ca. 12-25 Minuten backen oder bis der Fisch schuppenförmig ist.

5. Servieren. Auf Wunsch mit frischer Petersilie bestreuen.

Parmesan und Leinsamen Krustierte Tilapia

Portionen: 2

Netto-Kohlenhydrate pro Portion: 1,5 Gramm

Vorbereitung. Dauer: 15 Minuten

Kochzeit: 7 Minuten

Zutaten:

- 2 Stück (5-6 Unzen) Tilapia Filets
- 2 Knoblauchzehen, gehackt oder gepresst
- 2 Esslöffel gemahlener Leinsamen
- 2 Esslöffel Olivenöl
- 2 Esslöffel Parmesan Reggiano, fein geschreddert, ODER normaler Parmesankäse
- 4 Esslöffel Butter
- Meersalz

- Weißer Pfeffer

Anweisung:

1. Die Tilapia-Filets ausspülen und trocknen. Nach Belieben mit Salz und Pfeffer würzen. Beiseite legen.

2. In einer ofenfesten Schüssel oder Pfanne Olivenöl und Butter zugeben und bei mittlerer bis starker Hitze erwärmen. Den Knoblauch dazugeben und anbraten, bis er weich, aber nicht gebräunt ist.

3. Die Fischfilets in die Pfanne geben und die Butter-Knoblauch-Ölmischung über den Fisch löffeln. Zugedeckt bei mittlerer Hitze ca. 4 Minuten garen, bis die Fische beim Test mit einer Gabel leicht flocken.

4. In einer kleinen Schüssel den Parmesan mit dem Leinsamen vermengen und mit Pfeffer und Salz abschmecken. Die Oberseite der Filets mit der Leinsamenmischung bedecken, je etwa 2 Esslöffel.

5. Etwas Butteröl darüber geben und anfeuchten.

6. Die Pfanne/Schüssel in den Masthähnchen geben und ca. 2-3 Minuten grillen oder bis die Oberseite gebräunt ist.

7. Mit Babyspinat oder Low Carb Dressing servieren (ich habe Newman's Light Italian Dressing verwendet).

Lachs-Genuss

Portionen: 2

Netto-Kohlenhydrate pro Portion:

Vorbereitung. Dauer: 15 Minuten

Garzeit: 35-45 Minuten

Zutaten:

- 1 Pfund Lachs
- 1 Esslöffel getrocknete gehackte Zwiebel
- 1 Teelöffel Knoblauch, gehackt
- 1/2 Mayonnaise
- 1/2 Teelöffel Cayennepfeffer
- 1/2 Teelöffel Paprika
- 1/2 Teelöffel gepulverter Senf
- 1/4 Teelöffel gemahlener Pfeffer
- 1/4 Teelöffel koscheres Salz

Anweisung:

1. Den Lachs in eine Schüssel geben. Mit den restlichen Zutaten würfeln und bestreichen. 1 Stunde lang kühl stellen, damit sich die Aromen intensivieren können.

2. Mit dem Ski, die Seite nach unten gerichtet, den Lachs auf ein Alufolienblech legen. Die restliche Mischung auf den Lachs geben. Schließen Sie die Folie, um den Lachs zu verschließen, und lassen Sie Platz für den Dampf.

3. In einen vorgeheizten 180°C Ofen stellen und je nach Lachsdicke ca. 35-45 Minuten garen.

Käse-Lachs-Brot

Portionen: 9

Netto-Kohlenhydrate pro Portion:

Vorbereitung. Zeit: 10 Minuten

Garzeit: 30 Minuten

Zutaten:

- 1 Dose Lachs
- 1 1/2 Tasse Käse, zerkleinert
- 1 Ei, geschlagen
- 1 Esslöffel Zitronensaft
- 1/2 Tasse schwere Sahne
- 1/2 Teelöffel Pfeffer
- 1/2 Teelöffel Salz
- 2 Esslöffel Butter, geschmolzen

Anweisung:

1. Alle Zutaten in eine Schüssel geben und vermengen. Die Mischung in eine gefettete Pfanne gießen.

2. Im 180°C vorgeheizten Ofen 30 Minuten backen.

SCHLUSSWORTE

Nochmals vielen Dank, dass Sie dieses Buch gekauft haben!

Ich hoffe wirklich, dass dieses Buch Ihnen helfen kann.

Der nächste Schritt ist, dass Sie <u>sich für unseren E-Mail-Newsletter anmelden, um</u> über alle kommenden Buchneuerscheinungen oder Werbeaktionen informiert zu werden. Sie können sich kostenlos anmelden und erhalten als Bonus auch unser *Buch "7 Fitness Mistakes You Don't Know You're Making"!* Dieses Bonusbuch deckt einige der häufigsten Fitnessfehler auf und klärt Mythen über die Komplexität und Wissenschaften des Fitnesstrainings auf. Mit all dem Fitnesswissen und der Wissenschaft, organisiert in einem Schritt-für-Schritt Buch, haben Si einen guten Grundstein für Ihre Fitnessreise gelegt! Um sich für unseren kostenlosen E-Mail-Newsletter anzumelden und Ihr kostenloses Buch zu erhalten, besuchen Sie bitte den Link und melden Sie sich an: **www.hmwpublishing.com/gift**

Zum Schluss würde ich Sie gerne um einen Gefallen bitten, wenn Ihnen dieses Buch gefallen hat. Wir würden uns sehr freuen, wenn Sie eine Bewertung für dieses Buch abgeben!

Vielen Dank und viel Glück auf Ihrer Reise!

ÜBER DEN CO-AUTOR

Mein Name ist George Kaplo; ich bin zertifizierter Personal Trainer aus Montreal, Kanada. Ich möchte zunächst einmal sagen, dass ich nicht der Größte Mann bin und das war nie wirklich mein Ziel. Tatsächlich habe ich angefangen zu trainieren, um meine größte Unsicherheit zu überwinden, mein Selbstbewusstsein. Daran war meine Körpergröße von nur 168 cm schuld. Die Körpergröße hielt mich von allem zurück, was ich im Leben erreichen wollte. Vielleicht machen Sie gerade einiges durch oder vielleicht wollen Sie einfach nur fit werden und ich kann mich mit beidem gut identifizieren.

Ich persönlich habe mich schon immer irgendwie für die Gesundheits- und Fitnesswelt interessiert und wollte durch die zahlreichen Mobbingfälle in meinen Teenagerjahren wegen meiner Größe und meines übergewichtigen Körpers etwas Muskeln gewinnen. Ich dachte, ich könnte nichts gegen meine Größe tun, aber ich kann sicher etwas dagegen tun, wie mein Körper aussieht. Dies war der Beginn meiner Transformationsreise. Ich hatte keine Ahnung, wo ich anfangen sollte, aber ich habe einfach angefangen. Ich war manchmal besorgt und eingeschüchtert, dass andere Leute sich über mich lustig machen würden oder dass ich die Übungen falsch machen würde. Ich habe mir immer gewünscht, dass ich einen Freund neben mir hatte, der etwas Ahnung hatte, damit er mir helfen konnte und mir "die Weichen legen" konnte.

Nach viel Arbeit, lesen und unzähligen Versuchen und Fehlern: Nach und nach bemerkten immer mehr Leute, dass ich fitter wurde und dass ich anfing, ein starkes Interesse an dem Thema zu entwickeln. Dies hat viele Freunde und neue Gesichter veranlasst, zu mir zu kommen und mich um Fitnessberatung zu bitten. Zunächst war es seltsam für mich, dass die Leute Ratschläge von mir wollten, wie Sie eine bessere Figur bekommen können. Aber was mich am Laufen hielt, war, dass Sie die Veränderungen an ihren eigenen Körper sahen und mir das entsprechende Feedback gegeben haben. Von da an kamen immer mehr Menschen zu mir, und nach so viel Lesen und Lernen in diesem Bereich wurde mir klar, dass es nicht nur mir geholfen hat, sondern dass ich damit auch anderen helfen kann. Inzwischen bin ich ein zertifizierter Personal Trainer und habe bisher zahlreiche Kunden geschult, die erstaunliche Ergebnisse erzielt haben.

Heute besitzen und betreiben mein Bruder Alex Kaplo (ebenfalls zertifizierter Personal Trainer) und ich dieses Verlagsunternehmen, in dem wir leidenschaftliche und fachkundige Autoren dazu bringen, über Gesundheits- und Fitnessthemen zu schreiben. Wir betreiben außerdem eine Online-Fitness-Website "HelpMeWorkout.com" und ich würde mich gerne mit Ihnen in Verbindung setzen, indem ich Sie einlade, die folgende Webseite zu besuchen und unseren E-Mail-Newsletter zu abonnieren (Sie erhalten sogar ein kostenloses Buch).

Last but not least, wenn Sie in einer ähnlichen Situation sind, wie ich es einmal war und Sie eine Anleitung brauchen, zögere nicht und fragen Sie einfach... Ich werde da sein, um Ihnen zu helfen!

Ihr Freund und Coach,
George Kaplo
Zertifizierter Personal Trainer

Ein weiteres Buch kostenlos herunterladen

Ich möchte Ihnen für den Kauf dieses Buches danken und Ihnen ein weiteres Buch anbieten (genauso lang und wertvoll wie dieses Buch), "Health & Fitness Errors You Don't Know You't Making", völlig kostenlos.

Besuchen Sie den untenstehenden Link, um sich anzumelden und so das Buch zu erhalten:

www.hmwpublishing.com/gift

In diesem Buch werde ich die häufigsten Gesundheits- und Fitnessfehler aufschlüsseln, die Sie wahrscheinlich gerade selbst begehen, und ich werde Ihnen zeigen, wie Sie ganz einfach in Topform kommen können!

Zusätzlich zu diesem wertvollen Geschenk haben Sie auch die Möglichkeit, unsere neuen Bücher kostenlos, Werbegeschenke und andere wertvolle E-Mails von mir zu erhalten. Besuchen Sie auch dafür den Link, um sich anzumelden:

www.hmwpublishing.com/gift

Copyright 2017 by HMW Publishing - Alle Rechte vorbehalten.

Dieses Dokument des HMW Verlages im Besitz der Firma A&G Direct Inc. zielt darauf ab, genaue und zuverlässige Informationen zu dem behandelten Thema und Problem zu liefern. Die Veröffentlichung wird mit der Vorstellung verkauft, dass der Verlag nicht verpflichtet ist, buchhalterisch qualifizierte Dienstleistungen zu erbringen, die offiziell erlaubt oder anderweitig erlaubt sind. Wenn eine Beratung erforderlich ist, sei es rechtlich oder beruflich, sollte eine im Beruf tätige Person hinzugezogen werden.

Aus einer Grundsatzerklärung, die von einem Komitee der American Bar Association und einem Komitee der Verleger und Verbände gleichermaßen akzeptiert und genehmigt wurde.

Es ist in keiner Weise erlaubt, dieses Dokument zu reproduzieren, zu vervielfältigen oder Teile davon in elektronischer Form oder in gedruckter Form zu übertragen. Die Aufzeichnung dieser Publikation ist strengstens untersagt, und die Speicherung dieses Dokuments ist ohne schriftliche Genehmigung des Herausgebers nicht gestattet. Alle Rechte vorbehalten.

Die hierin enthaltenen Informationen gelten als wahrheitsgemäß und konsistent, da jede Haftung in Bezug auf Unachtsamkeit oder anderweitig durch die Verwendung oder den Missbrauch von Richtlinien, Prozessen oder Anweisungen, die darin enthalten sind, in der alleinigen und vollständigen Verantwortung des Empfängerlesers liegt. Unter keinen Umständen wird dem Verlag gegenüber eine rechtliche Verantwortung oder Schuld für Reparaturen, Schäden oder finanzielle Verluste aufgrund der hierin enthaltenen Informationen, weder direkt noch indirekt, übernommen.

Die hierin enthaltenen Informationen werden ausschließlich zu Informationszwecken angeboten und sind daher universell einsetzbar. Die Darstellung der Informationen erfolgt ohne Vertrag oder jegliche Garantiezusage.

Die verwendeten Marken sind ohne Zustimmung, und die Veröffentlichung der Marke erfolgt ohne Genehmigung oder Unterstützung durch den Markeninhaber. Alle Warenzeichen und Marken in diesem Buch dienen nur zu Klärungszwecken und sind Eigentum der Eigentümer selbst, nicht mit diesem Dokument verbunden.

Für weitere tolle Bücher besuchen Sie uns:

HMWPublishing.com

www.ingramcontent.com/pod-product-compliance
Lightning Source LLC
LaVergne TN
LVHW021712060526
838200LV00050B/2633